JN104479

# ダマすプレゼンのしくみ

## 数値・グラフ・話術・構成に隠された 欺く手法とその見破り方

kanata 著

SE
SHOEISHA

# 本書内容に関するお問い合わせについて

このたびは翔泳社の書籍をお買い上げいただき、誠にありがとうございます。弊社では、読者の皆様からのお問い合わせに適切に対応させていただくため、以下のガイドラインへのご協力をお願い致しております。下記項目をお読みいただき、手順に従ってお問い合わせください。

## ●ご質問される前に

弊社Webサイトの「正誤表」をご参照ください。これまでに判明した正誤や追加情報を掲載しています。

　　　正誤表　https://www.shoeisha.co.jp/book/errata/

## ●ご質問方法

弊社Webサイトの「刊行物Q&A」をご利用ください。

　　　刊行物Q&A　https://www.shoeisha.co.jp/book/qa/

インターネットをご利用でない場合は、FAXまたは郵便にて、下記"翔泳社 愛読者サービスセンター"までお問い合わせください。
電話でのご質問は、お受けしておりません。

## ●回答について

回答は、ご質問いただいた手段によってご返事申し上げます。ご質問の内容によっては、回答に数日ないしはそれ以上の期間を要する場合があります。

## ●ご質問に際してのご注意

本書の対象を越えるもの、記述個所を特定されないもの、また読者固有の環境に起因するご質問等にはお答えできませんので、予めご了承ください。

## ●郵便物送付先およびFAX番号

　　　送付先住所　〒160-0006　東京都新宿区舟町5
　　　FAX番号　　 03-5362-3818
　　　宛先　　　　（株）翔泳社 愛読者サービスセンター

# まえがき

　プレゼンテーションに関する技術の中には、人間の持つ心理的な性質を利用した、あるいはちょっとした認知の隙間を狙った手法が多く存在します。

　3Dグラフを用いて手前に置かれたデータを大きく見せてみたり、レンズの圧縮効果（離れている被写体の遠近感を少なくする）によって「人混み」を演出してみせたり、または曖昧で一般的なことを断定的に語り、相手に自分事のように思わせることができます。

　これらはプレゼンをする側にとって聴衆の意識や興味を効果的に集められる手法ともいえます。

　しかし一方でプレゼンを見る・聞く側にとっては、事実とは異なる間違った認識や誤解を植え付けられたり、望まない選択肢に意図的に誘導させられたりと、注意深く見極めなければダマされかねない危険な手法でもあります。例えば次のページのスライド [1] を見てください。「ちょっと怪しいな」と感じた方もいるかと思います。どのようなテクニックが使われているかは本文にて解説します。

[1] データは架空のものです。

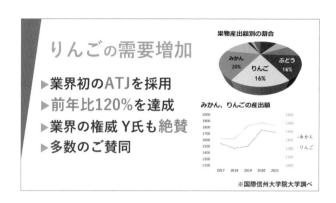

　本書ではそんな要注意のプレゼン手法・表現——ダマすプレゼンのし
くみとその見破り方について、主にプレゼンを見る・聞く側の視点で解
説します。

　資料の数値やグラフ、発表者の話術、全体の構成など、プレゼンのど
の部分に欺く手法やミスリードを起こす表現が隠されているのかを紐解
くことで、ダマされないために注意すべきポイントを理解するとともに、
プレゼン内容を冷静かつ正確に解釈する力が身につけられます。

　プレゼンテーションは、目的（承認を得たり、賛同を集めたりさまざ
まです）を達成するための手段として使われます。この手段は、実は情
報発信においては共通の技術です。実に日常生活のさまざまな場面で使
われています。例えば電車のつり革広告や、ゴシップ誌、テレビのワイ
ドショーなどでも同様の手法が使われています。

　本書を読んだあと、テレビのワイドショー [2] を見てみるとさまざまな
気づきがあるはずです。これもプレゼンテーションと同様に、番組制作
側が目的を持って、目的を達成しようとしています。この場合の目的と
は、よりスキャンダラスに演出し、もっとたくさんの視聴率を得るのが

目的でしょう。

　ワイドショーで取り上げた疫病による都市封鎖の話題がありました。この番組制作側の目的は何か考えてみましょう。視聴者にインパクトのある情報を出して恐怖をあおるのが目的かな？　ああ、そのグラフはそういう目的で出したんだね。ずいぶんミスリードを誘う表現をしているな。この目的に沿うとすると、あの情報には触れないだろうな。ほうらやっぱり……みたいなことが透けて見えるようになってきます。

　筆者はコンピュータシステムに関わるエンジニアですが、この職業においてもプレゼンテーションをする機会は多々あります。PowerPointのスライド資料を連日作り続けていた期間もありました。そんなことをやっているうちにプレゼンテーションの本質的なところについて、いろいろなことがわかってきました。本書の内容は筆者の経験と調査に基づくものです。私の経験において、なぜこれで理解してもらえるのか、なぜこれで承認が得られるのか、自分がやってきたことを改めて整理してみると面白いことがわかってきました。理論・理屈だけにとどまらずに、日々生活を行う上で実践できるように配慮したつもりです。本書がみなさまの目的を達成するための一助となれば幸いです。

# 本書について

❖**本書の対象読者**

　この本に興味を持たれた時点で対象読者です。きっとプレゼンテーションをする、あるいは、プレゼンテーションを受ける機会がおありかと推察します。そのような方すべてが対象です。

　また、ダマすプレゼンテーションの見破り方について興味のある人も対象です。普段テレビや雑誌、インターネット上の情報に触れた際「あれ、それは本当かな？」と思ったことはないでしょうか。それらはもしかしたら過度に誇張している、あるいはまったくの嘘かもしれません。悲しいことに世の中は嘘で溢れかえっています。本書では、そんな怪しい情報を見分ける技術についても記載しています。

　加えて本書では、効果的なプレゼンテーション資料を作成する方法を記載しました。わかりやすいプレゼンテーション資料作成のコツのようなものはメインで扱ってはおりませんが、ダマす技術をうまく応用する方法まで記載しています。

❖**本書の構成**

　本書の構成は以下の通りです。興味のある章からお読みいただいてかまいません。

**第1章　プレゼンテーションとは**

　そもそもプレゼンテーションとは、どのような方法で誰に向けて行わ

れるものか解説します。特に本書でターゲットとしている方法と対象を
ここで定義しています。

## 第2章 そもそもなぜプレゼンテーションでダマされるのか

なぜプレゼンテーションでダマされる、あるいはそのように感じてし
まうのでしょうか。その原因についてはさまざまな要因があり、それが
複雑に絡み合っているようです。本章ではプレゼンテーションが持つ本
質的な特徴や、ダマす背景となっている文化の違い、心理学的・脳科学
的な視点をそれぞれ解説します。

## 第3章 ダマす数値

「数字は嘘をつかないが嘘つきは数字を使う」という言葉が話題になり
ました。正しく測定された数値に基づいてプレゼンテーションしようと
する時、どのようにして印象を変えることができるでしょうか。その方
法について解説します。

## 第4章 ダマすグラフ

日常で多く目にするグラフにもダマす要素が取り入れられていること
があります。ダマすグラフについて解説します。大部分の恣意的なグラ
フを見破ることができるようになります。

## 第5章 ダマす写真

写真は事実を切り取ったものと言われることがあります。写真が映し
出している情報は、それが意図的に加工されたものでないなら、まぎれ
もない事実でしょう。ただそういった写真の特徴を用いて、ダマしてい
るケースについて解説します。

### 第6章 ダマす話術

　プレゼンテーションで実際に使われる話術のテクニック解説と、詐欺師・宗教家・占い師・霊能者・手品師などが使用するコールドリーディング、ハッカーが使うソーシャルエンジニアリング（重要な方法を盗み出す方法）を解説します。

### 第7章 ダマすストーリー

　物語に起承転結が使われるように、プレゼンテーションもストーリーを考える必要があります。本章ではその紡いだストーリーの中でダマすテクニックを紹介します。

### 第8章 ダマされないためには

　前章までは、ダマす手法について解説してきました。本章ではプレゼンテーションを受ける側として、ダマされないようにするためにはどうするか、という視点で解説します。

### 第9章 そもそもダマされないしくみ

　ダマされないしくみを作ることはできるでしょうか。嘘がつけないしくみを作ることができれば、ダマされてしまう不幸な人を減らすことができるでしょう。ダマされないようにするしくみについて解説します。

### 第10章 わかりやすいプレゼンテーションの作り方

　前章までの内容を応用して、わかりやすい、目的を達成しやすいプレゼンテーションの作成方法を解説します。

## ❖ 免責事項

本書の技術を用いたプレゼンテーションに関しては、必ずご自身の責任と判断によって行ってください。本書に基づいたプレゼンテーションの結果について、著者はいかなる責任も負いません。

## ❖ 本書の技術を使う指針

本書に記載した技術の多くは諸刃の剣です。毒にも薬にもなり得ます。そのため、本書のダマす方法を応用する際は自身の信用を失うことのないよう注意深く、うまく使ってください。

そこで「うまく使う」ための重要な指針3点を示します。詳細については本書の中で触れますので、以下を頭の片隅に置いてお読みいただければ幸いです。

### データの改竄をしない

自説の論拠を示すための情報は改竄してはいけません。

- 伝える内容は事実に基づくものにする
- データの数字や値を都合よく変えない

### 誤解を招く表現をしない

意図的にミスリードを誘う表現を作るのは慎みましょう。

- 3Dグラフなど人間が正確に認識するのが難しい表現を使わない
- グラフの目盛りの省略でごまかさない
- 造語は使わない
- 難しい専門用語を多用しない（使う場合は必ず定義を共有する）

**責任を転嫁しない**

　自分がプレゼンテーションする場合でも、他人のせいにできる余地があると無責任なものになりがちです。

- 自身の責任を自覚してプレゼンする（例えば「社長が良いと言ったので」などは、うまくいかなくても社長のせいにしがちです）
- 安易に権威を背景とした情報を証左としない（論理的・客観的に正しい情報を提示する）

　本書に書かれている内容については、みなさまの今後の未来を少しでも生きやすくするために役立てていただければいいなと、筆者は考えています。みなさまが悪意を持ってプレゼンテーションしなければいけない機会がないことを願っています。本質的には、みんなが幸せになるという目的を達成する手段がプレゼンテーションだと筆者は信じています。

# プレゼンテーションとは

プレゼンテーションとは何でしょうか。本書が説明している対象を明確にするため、改めて確認しましょう。

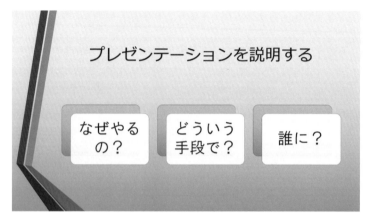

図1-1　プレゼンテーションとは？

# プレゼンテーションの目的

広辞苑では、以下のように記載されています。

会議などで、計画・企画・意見などを提示・発表すること。プレゼン。

"会議などで"と記載がありますね。プレゼンテーションする側（スピーカー、プレゼンターなどと呼称される場合があります）があらゆる場面で、あらゆる手段を用いて行う行為の総称として、プレゼンテーションという言葉が用いられているようです。本書ではすべてを網羅できま

せんので、もう少し手段と対象を明確にします。

# プレゼンテーションの手段

最近ではプロジェクターと、Microsoft PowerPoint や Apple 社の Keynote に代表されるプレゼンテーションソフトの普及により、もっぱらコンピュータを用いてプレゼンテーションが行われるようになりました。

図1-2　Microsoft PowerPoint での作業風景

作成したスライドは、プロジェクターなどで投影して発表するスタイルがよくとられます。

図1-3　テレビやビデオモニター、プロジェクターなどの大画面で説明する様式
"Frank Schulenburg giving a presentation at Wikimania 2011" ©Dirk Ingo Franke
(licensed underCC BY-SA 3.0)

　コンピュータを用いない演説などの方法もありますが、**本書ではプレ
ゼンテーションソフトを用いた方式に的を絞って解説します。**

図1-4　聴衆に向かって演説するエバ・ペロン：フアン・ペロンアルゼンチン大統領夫人
出典：Eva Perón "La razón de mi vida" 1951

ちなみにコンピュータが普及するより以前は、紙とOHP[1] を用いてプレゼンテーションしていたように記憶しています（筆者はそれがギリギリわかるくらいの世代です）。

図1-5　授業で使用中のオーバヘッドプロジェクター
　　　 "Overhead projector, used during lessons in a classroom." ©mailer_
　　　 diablo (licensed underCC BY-SA 3.0)

［1］紙の代わりに透明なフィルムにプリントしたものに光を当てて投影する装置。

# プレゼンテーションをする対象

　プレゼンテーションを行う際に、**聞き手の特性**を把握することは非常に重要です。相手の特性を知らなければ、相手に合わせた最適な手段を選択できません。誰に話すかという点を整理してみます。

　厳密な分類は社会科学の領分ですが、本書で扱うプレゼンテーションの対象を明確にすべく、ここでは大きく3つに分類しました。プレゼンテーションの内容によりますが、対象の話題について**どれだけ専門的な知識を有しているか**という観点で分類しています。

表1-1　プレゼンテーション対象の分類

| 対象 | 専門性 | 例 |
| --- | --- | --- |
| 専門家集団 | 高 | 学会、ゼミ、事実ベースのコミュニケーション |
| 企業、コミュニティなどの組織 | 中 | 企画、審査など、目的を持って承認を求める行為。本書の対象はここです |
| 大衆 | 低 | 政治、テレビ・新聞などのマスコミ、製品プロモーション |

❖ 専門家集団

　研究機関での発表、学会、大学の研究室で行われるゼミなどがこれに
該当します。このような場において対象研究分野のプレゼンテーション
をする際は、基本的に**事実ベースのコミュニケーション**がなされます。
主観や感情に基づく表現は、可能な限り除く必要がありますし、またプ
レゼンテーションされる側もそれを意識して臨んでいます。

　この対象において、相手をダマすということはすなわち、事実に基づ
かない表現を行うということに他なりません。ダマす行為はハイリスク、
ローリターン[2]であり、滅多に行われません。

　基本的にすべての学術論文は、事実の積み重ねにより成り立っており、
これによって科学技術の正しさが担保[3]されています。

[2]医療分野で話題になったiPS細胞（2012年）および、STAP細胞（2014年）については、
　　虚偽の発表がされたケースがあり、当時大きな反響がありました。
[3]このように筆者は希望を持っています。実態はいろいろありそうではありますが……。

❖ 企業、コミュニティなどの組織

**本書で扱うプレゼンテーションが対象とするのはここになります。**例えば読者のみなさまが所属する企業やコミュニティにおいて以下のような機会がある場合です。

- 企画の発表をする
- 営業活動において顧客とのコンペティションをする
- 携わっているプロジェクトの状況を報告する
- 勉強会コミュニティの中でLT（ライトニングトーク[4]）をする
- 業界のイベントで発表する

こういった組織の特徴として、以下が挙げられます。

➡ **概ね同じ目的を持っている**

企業であれば、利潤追求であったり、企業理念の達成であったりします。非営利のコミュニティであっても、コミュニティを結成した目的があります。勉強会であったら、その対象領域について勉強したいという動機があります。つまりプレゼンテーションをする人も、プレゼンテーションを受ける人も同じ目的を持っています。

同じ目的を持ち合わせていない人もいたりしますが、そういった場合は「低い評価が与えられる（目的の違いは行動に表れるためです）」「改善しない場合は異動」など組織運営が正常化するよう力が働くことが多いです。

---

[4] 5分程度で発表するプレゼンテーション手法のこと。IT業界ではよく使われるようになりました。

## ➡ 所属する人々は目的に対する専門的知識を持っている

　概ね同じ目的を持っているがゆえに、参加者はそれに対する専門的知識を持ち合わせています。そのため、プレゼンテーションの内容の基礎的な部分は、ある程度暗黙的に扱われる（省略される）ことになります。もちろん個人差はありますが、例えばお花屋さんにおいて、お花を知らない店員に新しい草花入荷の企画を持ち出しても、正しい判断は下せないことでしょう。知識のある店員の間では、新しい草花であっても、類似の品種から温度管理・手入れの方法・販売期間などが推察でき、必要な確認以外は省略されます。IT勉強会において新しいソフトウェアの紹介をする場合、マウスの操作方法から説明することはしないでしょう。基礎的なことは知っているという前提で話が進みます。

　この「概ね同じ目的を持ち」「対象領域について、ある程度の前提知識を有する」組織に対するプレゼンテーションが本書の対象になります。

### ❖ 大衆

　これは比較的イメージしやすいです。この組織の最大の単位は**国家**になるでしょう。この規模になるとさまざまな利害関係が対立し、明確に同じ目的を持つことが難しくなります。また、若年層から高齢者まで所属しているため、個人個人のリテラシーに多様な幅ができます。そしてこのような組織における判断は、結果として、多数決で決定される場合が多くなります。そのため、いかにして大衆から多数の支持を得るかという命題について、歴史上いろいろな手段が試されてきました。

　すぐ思いつくものを挙げてみます。

## ➡ 選挙運動で候補者名を連呼

非常に効果があるそうです [5]。選挙カーを回せば回すほど票になると
か。自動車が動いている際には演説できない（名前を言うくらいしかで
きない）と公職選挙法で定められているそうで、日本の特殊事情のよう
です。

## ➡ 悪役を作って団結を図る

「××国はこんなにも悪い連中で、そのためにこうします！　支持を！」
と喧伝して支持を集めます。典型的なアジテーション [6] です。

## ➡ 不安をあおって注意を一点に向ける

健康不安をあおって、高額な商品を買わせるような詐欺はあとを絶ち
ません。一点に注意を向けるということは、逆にいうと他のことに対す
る注意をそらされるということです。

大抵は複雑な論理的説明を用いていません。若年層から高齢者までい
る中で、論理的説明を理解できる人が限られるという側面があり、また
論理的な説明で納得する人が存在する一方で、感情を優先して判断する
人もいるからでしょう。このような大衆向けプレゼンテーション手法も
面白そうではあるのですが、本書では対象としません。

---

[5] 三浦麻子、稲増一憲、中村早希、福沢愛「地方選挙における有権者の政治行動に関
連する近接性の効果」社会心理学研究、2017年、https://www.jstage.jst.go.jp/
article/jssp/32/3/32_0955/_pdf/-char/ja

[6] アジテーション（Agitation）は、大衆を対象に巧みな演説や論説などを行い、特定の
行動を起こすよう仕向けることで、扇動とも呼ばれます。

# 第 2 章

# そもそもなぜプレゼンテーション でダマされるのか

そもそもなぜプレゼンテーションでダマされる、あるいはそのように感じてしまうのでしょうか。その原因についてはさまざまな要因があり、それらが複雑に絡み合っているようです。

　読者のみなさまは、以下のスライドを見てどのような印象を持たれたでしょうか。

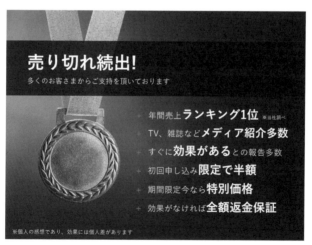

図2-1　何の変哲もないスライドに見えるが……

何か違和感を感じた方もいらっしゃるかもしれません。本章で解説するいくつかのテクニックが使われています。最後に種明かしをします。

# プレゼンテーションが持つ特徴

　まずプレゼンテーションが持つ本質的な特徴について整理してみます。

❖組織で活動する際に100%の情報共有はできない

　そもそもなぜプレゼンテーションをする必要があるのでしょうか。それは所属している組織内で100%完璧に情報共有ができないからです。1人でしていたことを2人でやろうとすると、相手が何をどこまでしたか把握が必要になります。2人で机を並べているうちはまだ何とかなりますが、3人、4人と増えていくにつれ難しくなっていきます。そのため**要点をまとめて相手に伝える**ということが必要になり、それが洗練された結果の1つがプレゼンテーションです。

　ただそうすると要点以外の情報はどうなるのか？という問題が起きます。考えが違う他人なので、同じ事実から違う判断をするかもしれません。要点をうまく操作して、目的を達成しようとする人が現れるのは、しくみとして自然な成り行きです。

❖信用の分量に応じて、疑う分のコストが削減される

　本質的には、判断に足る情報の100%を全員で共有できればプレゼンテーションは不要なはずですが、それには多大なコスト（時間だったり、

お金だったりです）が伴います。プレゼンテーションする側をすべて信用すれば、その分コストを節約できます。逆にプレゼンテーションする側を信用しない、つまりプレゼンテーションで提示された情報を100%信用しない場合、すべて自分で情報の裏付けを取り、整理しなければなりません。結果としてプレゼンテーションする側の仕事はムダになります。組織内で誰も信用せず、個々人が自分の範疇と裁量だけで仕事をすると組織が成立しません。他人の作業をまるで信用しない場合、または性悪説で臨んだ場合、組織が成り立たなくなります。

　現代社会の企業組織は、社員に一定の信用を持って、権限を与えて、階層的な組織構造を維持しています。信用した分量に応じて作業が効率化できます。ゆえに、**プレゼンテーションする上で信用は何より大切にすべき**です。

　逆に捉えると信用があればダマしやすくなるわけですが、一度信用を失ってしまうと取り戻すのが大変です。安易にご自身の信用を毀損することのないよう強く具申しておきます。筆者の個人的な見解ですが、基本的に正直でいた方が生きやすいです。「できらぁ！」とハッタリをかますとあとでだいたい苦しくなります。

## ❖文化によって形式が異なる

　そもそも、私達が想像するいつもの一般的なプレゼンテーションのやり方は世界共通でしょうか。同じような手順で説明しているのでしょうか。人と人との距離感や、信頼関係の構築方法が異なると、プレゼンテーションのやり方も異なってくるようです。

### ➡ ブラジルにおけるビジネスの進め方の例

　筆者は海外勤務の経験はありませんので、あまり偉そうなことは申

し上げられませんが、各国や地域における文化や商習慣によって、プレゼンテーションの役割が変わってくるようです。

　日本において、初めての顧客に対して何かの提案をする状況を想定してみます。組織と組織の取引であることを念頭に置き、お互いが提案の場に臨みます。「このソリューションの効果はこうなります、費用がこうで、この範囲の責任は我々が持ちます」といった内容のプレゼンテーションが行われるのでしょうか。顧客側がどこまで信用するかという点にはいくつかの観点があり、会社沿革や、取引実績、ブランドイメージ、資本金など多様です。もちろんプレゼンテーションの内容も含まれます。顧客側の返答は「総合的に判断して後ほど回答します」といった具合になるでしょう。

　対してブラジルだと、次のように見聞しました。前提として**アミーゴ社会**（親友どうしの信頼が組織の権限を飛び越えて優先される）と呼ばれる社会が成り立っています。ゆえにアミーゴどうしの取引にプレゼンテーションはほぼ不要のようです。高い信頼を持って、疑うコストを削減できています。代わりに**信頼の形成・維持にコストを払います**。何らかの目標を達成できたら仕事帰りにレストランやバーで祝杯を上げるそうです。

　プレゼンテーションする以前に、その人を信用しているから大丈夫、という効率化がなされています。

## ➡ 日本式の物事を決めるプロセス

　では日本ではどうでしょうか。以下は私感ですが、日本人の特性について歴史的・地理的背景から紐解いてみます。

### 日本人の特性

　日本は世界各国の中でも自然災害の多い国です。地震、噴火、台風、豪雨、豪雪、洪水、津波など、自然災害なら何でも起こりえます。被害額でいうと全世界の10％をも占めます。世界の0.25％の国土面積しかないにもかかわらずです。

　そのため大昔から**協力して生きていく必要**がありました。共同体の結束が強く、村社会が形成されていきます。共同体を維持するため規範から外れるものは排除[1]されました。日本人が同調圧力に弱いのは、こう

---

[1] 村八分という言葉があります。村社会の中で、掟や秩序を破った者に対して課される制裁行為のことです。

いうところから来ているのではないかと筆者は考えています。

　失敗については、とてもセンシティブになっていったはずです。なぜなら災害の多い国での判断の誤りや失敗は死に直結したからです。食物の貯蓄に失敗すれば多くの人が餓死します。衛生管理ができなければ疫病が蔓延して多くの人が病死します。このような死に直結する失敗は責任の取りようがありません。最大限の責任のとり方が腹を切ってお詫びするというのも、何だかわかる気がします。

　つまり、**極端に失敗を恐れる（責任は死と直結する）文化**が形成されていったのでしょう。誰も死にたくないので、最大限ベターな選択をするために昔から合議して決めていたのではないでしょうか。

　おそらく日本人の根源的な部分はこのようなところでしょう。

> この日本人の特性は島国根性と揶揄されたりしますが、もちろん利点もたくさんあります。私は気に入っています。本書の主題からそれるので触れませんが勉強したいところです。

## 責任を取る側（承認する側・決裁する側）の心理

　日本において、重大な物事を決める時には基本的に合議制で行われる場合が多いです。つまり、偉い人たちが集まって話し合って決める方式です。

　前述の日本人の特性（責任は死と直結していると感じる）を踏まえると、会議の中身は以下のようになっていくことが予想できます。

- チャレンジングな内容なのに前例があるか確認する（矛盾しています）
- 前例がないのに判断に足る情報を求める
- 判断に足る情報を集める追加タスクが発生し、結果として判断が遅れてチャンスを逃す

- リスクは取りたがらないし、リスクを取ってチャレンジすることを決定できない
- 決裁者が同席していても持ち帰って検討する
- 決裁者が複数いて責任が希薄になるので誰も真剣に考えなくなる（昔のように死に直結しないため）

　ああ、何だかよくある会議風景という感じがしてきました。

### 日本式プレゼンテーションの特徴のまとめ

　上述のような企業、コミュニティなどにおける組織において、うまくいきそうなプレゼンテーションの特徴を整理しましょう。

### プレゼンテーションする側

- 決裁者が決定するという心理的負荷をできるだけ下げる
  - ゴールを決めて、そこに到達するようにスライドを作る
  - 迷わないように選択肢を用意する
  - ただ首を縦に振ってもらえばいいようにスライドを作る
  - 可能であれば、安心してもらえるようにデジタルな数字で表現する

### 責任を取る側（承認する側）

- 何かを決めるには高い心理的負荷がかかる
  - 責任は取りたくない
  - 定量的に根拠のあるものを認めるだけにしたい（数字は嘘をつかない [2] ので）

---

[2] 数字は嘘をつきませんが、嘘つきは数字を使います。第3章で後述します。

・リスクがあるものの評価はみんなの賛同を得たい

こうした特徴も近年のベンチャー系企業を中心に変わってきています。……変わってきてますよね？

# 心理学的・脳科学的な視点

なぜプレゼンテーションでダマされてしまうのでしょうか。心理学的・脳科学的な視点から見てみましょう。**人間は時に非論理的な判断をしてしまう**ことがあります。そのような判断の基となる人間の持つ性質、法則について紹介します。

## ❖マジックナンバー3

人間の脳が短期的に記憶にとどめておける要素は、おおよそ3つから4つ程度という性質（マジックナンバー3と呼ばれる法則）があります。そのため**話す要素を3つ**にし、ストーリーを組み立てると説得力を増す効果があります。

- ■ポイントは3つあります
- ■根拠は次の3つです
- ■3つの観点から分析しました

　この性質は有名なプレゼンテーションにもよく多用されています。iPhoneを生み出した故スティーブ・ジョブズ氏も多用していた手法です。以下は、スティーブ・ジョブズ氏がスタンフォード大学で行った有名なスピーチの冒頭です。

Today I want to tell you three stories from my life.
（今日は私の人生の中から3つの話をします。）

That's it. No big deal. Just three stories.
（それだけです。大したことではありません。3つの話をするだけです。）

　またこちらは、同じくスティーブ・ジョブズ氏が初代iPhoneの製品発表をした際の台詞です。

Well, today, we are introducing three revolutionary products of this class.
（さて、本日、私達は革命的な新製品を3つ発表します。）

新製品とはiPhoneのことであり、このあと、iPhoneには3つ製品が含まれているという説明をしています。

　このマジックナンバー3を使いたいがために、内容を無理やり増やすというテクニックも存在します。

　3つあります。1つ目はAです。2つ目はBです。3つ目はAとBのバランスを取ることです。

　また類似した手法として、マジックナンバー7（人間の短期記憶の上限）も存在します。

❖ メラビアンの法則

　アメリカの心理学者アルバート・メラビアン（Albert Mehrabian）は、言語によるメッセージと非言語メッセージを比較してどちらが重要

か調査した結果を出版したことによって知られるようになりました。

　これはメラビアンの法則や、7-38-55のルールと呼ばれており、**人が他人に与えられる影響は、言語コミュニケーションよりも非言語コミュニケーションの割合の方が大きい**ということを数値で表した法則です。以下に詳しく説明します。

　対面でのコミュニケーションは、以下の3要素で成り立っています。

- 言語情報
- 聴覚情報（声のトーンなど）
- 視覚情報（ボディーランゲージなど）

　これら3要素は情報を正しく伝えるため、相互に補い合う必要があります。同時に矛盾した情報を与えた場合、例えば笑いながら怒った場合 [3]、どの程度影響があるかという実験をしました。

　実験は以下の通りに行われました。

### ①言語情報を用意する

　「好意」「嫌悪」「中立」をイメージする言葉を3つずつ選ぶ。

### ②聴覚情報を用意する

　選んだ計9つの言葉1つずつに対して、「好意」「嫌悪」「中立」をイメージして読み上げ、録音する。

[3]俳優の竹中直人氏が演じる"笑いながら怒る人"は、みなさまはどのように感じるでしょうか。

### ③視覚情報を用意する

「好意」「嫌悪」「中立」を表した表情の顔写真を1枚ずつ用意する。

### ④組み合わせて印象を確認する

この用意した「言語情報」「聴覚情報」「視覚情報」をさまざまに組み合わせ、「好意」「嫌悪」「中立」のどの印象を受けたか確認する。

そして結果は、以下の通りになりました。

表 2-1　メラビアンの法則

| 要素 | 影響の割合 |
| --- | --- |
| 言語情報 | 7% |
| 聴覚情報 | 38% |
| 視覚情報 | 55% |

この結果は例えば、中立的な言葉を、怒った声で、笑顔で話された時、人間は笑顔にもっとも影響されやすいということを示しています。

注意しなければいけないのは、伝えたい情報の55%は視覚情報から与えることができる……というわけではないということです。上記はあくまで、同時に矛盾した情報を与えられた状況における実験結果です。メラビアンの法則は、内容が一人歩きしており「見た目が一番重要」「伝え方が一番重要」と曲解されて用いられているケースがあります。これはメラビアン本人が提唱したものとは異なっており、メラビアンは後に「私の研究は誤解されている。コミュニケーションにおいて、言葉の伝達力がたったの7%だなんて馬鹿げたことがあるわけがない」と発言しています。

ともあれ、人間は聴覚情報や視覚情報に影響を受けるというのは事実でしょう。聴覚情報や視覚情報を工夫して、伝えたいことに注目を向ける（逆に伝えたくないことから注意をそらす）ことができるはずです。

## ❖ ゴールデン・サークル理論

　作家・コンサルタントのサイモン・シネック（Simon Oliver Sinek）氏が、TED [4] で講演した有名な動画があります。

▶ 優れたリーダーはどうやって行動を促すか
　https://www.ted.com/talks/simon_sinek_how_great_leaders_inspire_action?language=ja

　この動画は世界で5000万回再生（2021年時点）され、数あるTEDの中でもとりわけ有名なプレゼンテーションの1つになっています。人の行動をいかにして促すかという内容が、彼自身のプレゼンテーションにおいても遺憾なく発揮されています。

　サイモン氏は、**情報を伝える順番によって相手が抱く印象に違いがある**ことを説明しています。

表 2-2　優れたリーダーや組織による情報伝達の順番

| 伝える側 | 情報を伝える順番 |
| --- | --- |
| 普通の人 | What（何を）→ How（どのように）→ Why（なぜ） |
| 優れたリーダーや組織 | Why（なぜ）→ How（どのように）→ What（何を） |

[4] TED（Technology Entertainment Design）は、アメリカのカリフォルニア州モントレーで年1回、講演会を主催しているグループのことです。TEDが主催している講演会の名称をTED Conferenceと言い、学術・エンターテイメント・デザインなどさまざまな分野の人物が講演を行っています。

以下、コンピュータ商品の宣伝を具体例に挙げて説明しています。

■ 普通のコンピュータメーカーが宣伝したら
・我々のコンピュータは素晴らしく、美しいデザインで簡単に使え、ユーザーフレンドリー。1 ついかがですか？

■ 一流のコンピュータメーカーならきっとこんな風に伝えます
・我々のすることはすべて世界を変えるという信念で行っています。違う考え方に価値があると信じています
・私達が世界を変える手段は、美しくデザインされ、簡単に使えて、親しみやすい製品です
・こうして素晴らしいコンピュータができあがりました

前者はWhat（何を）だけ説明しています。機能の説明だけに終始しているということです。後者は、Why（なぜ）、How（どのように）、What（何を）を順に説明しています。

ここは重要なポイントで、何かの製品やサービスをアピールする時、機能の説明からしていないでしょうか。「この製品は、これができるんです」「こんな機能もあります」といったように。本当はきっと、違うんですよね。「この製品を使うとあなたが笑顔になると私は信じています」のように、**Why（なぜ）から説明を始めた方が効果的**です。

そしてこのWhat（何を）、How（どのように）、Why（なぜ）を円状に表現した時、脳の構造と同じであることに気がつきます。この円の構造を「**ゴールデン・サークル**」と呼びます。

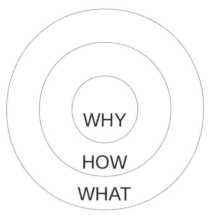

The 'golden circle' from Simon Sinek

図2-2　ゴールデン・サークル
　　　　"Golden circle" ©Mosborne01（licensed underCC BY-SA 3.0）

　より本能的なところに近い脳の中心（大脳辺縁系）に対して働きかけることができれば、意思決定に対して大きな影響を与えられることを示しています。

表2-3　ゴールデン・サークルと脳組織の対応関係

| ゴールデン・サークル | 脳の対応箇所 | 機能 |
| --- | --- | --- |
| What（何を） | 大脳新皮質 | 合理的で分析的な思考や、言語機能を司る |
| How（どのように） | 大脳辺縁系 | 生命維持、情動行動、本能行動に関することを司る |
| Why（なぜ） | 〃 | 〃 |

　今一度、プレゼンテーションする前に考えてみましょう。"なぜ"それをするのか。

## ❖2つの思考モード

心理学の分野では、脳には「**直感的な早い思考**」と「**論理的で遅い思考**」の2つのモードが存在することがわかっています。この理論は二重過程理論（Dual process theory）と呼ばれており、それぞれのモードは「**システム1**」、「**システム2**」と命名されています。

2つの思考モードの特徴は以下の通りです。

### システム1（直感的な早い思考）

- 常に意識せず自動的に動いている
- 直感的で素早い判断を行う
- 日常生活のほとんどの場面はシステム1だけを使用している
- 認知バイアス[5]がある

### システム2（論理的で遅い思考）

- 普段は動いておらず、システム1で対応できない時に動く
- 論理的な判断を行えるが時間がかかる
- 注意や集中を必要とし、使うと疲れる

[5] 人が物事を判断する時、さまざまな先入観、固定概念、過去の経験、利害などに影響を受けること。後述します。

システム1とシステム2がどのように切り替わるか試してみましょう。

　わかりやすい例で実践してみます。掛け算の九九と、少し複雑な計算の両方をすることで、モードの切り替わりを確認できます。以下の答えは何でしょうか。

$$9 \times 9$$

　おそらく瞬時に、考えるまでもなく答えが出てきたのではないでしょうか。これなら100回やってもそれほど疲れないでしょう。

　では、2桁の掛け算ではどうでしょうか。

$$79 \times 89$$

　とたんに考える必要が出てきました。答えを出すために集中する必要があります。周囲に騒音があるだけで、気が散って答えが出せなくなりますよね。時間もかかります。仮に100回やったら、ヘトヘトになってしまいそうです。

　この例では、九九はシステム1で処理し、2桁の掛け算はシステム2で処理しているということが実感できます。

　では、プレゼンテーションを受ける時はどちらのモードになっているでしょうか。

　これには明確な答えがあり、必ず**システム1**で処理されます。プレゼンテーションにおいては、システム2が必要となるような複雑な問題を扱うと、聞く側は内容が理解できないか、もしくは話についていけなくなります。

そしてこの「**プレゼンテーションはシステム1で処理される**」という
こと自体がダマすための余地を与えてしまっています。システム1は素
早い判断ができますが、逆に以下の弱点があります。

- 論理的な判断ができない
- 本来の問題を、過去に経験した簡単な問題に置き換える
- 認知バイアスの影響を受ける

こうなると重大な判断をするためにプレゼンテーションを使ってはい
けないように思いますよね。重大な判断はシステム2で判断する方がよ
り適切で、プレゼンテーションは適していないということがわかります。

# プレゼンテーションに影響を与える認知バイアス

**認知バイアス**（cognitive bias）と呼ばれる心理学の言葉があります。
人は物事を判断する時、さまざまな先入観、固定概念、過去の経験、利
害などに影響を受けます。それらによって客観的に見た場合、**合理的で
はない意思決定や行動をとってしまうこと**を指しています。認知バイア
スに善悪はありませんが、利用する目的によって善にも悪にもなり得ま
す。

認知バイアスは数多く存在することがわかっています。ここでは特に
プレゼンテーションに影響を与えることができる認知バイアスについて

いくつか説明します。

仮説や信念を検証する際に、**自分に都合のいい情報ばかりを集め、都合の悪い情報は無視または集めようとしない傾向。**

　プレゼンテーションに影響する認知バイアスの中で、もっともよく触れられるバイアスです。プレゼンテーションする側は、目的を達成するためにストーリーを組み立て、そして達成したいゴールを補強する情報だけを集めてしまいます。都合の悪い情報は収集しません。プレゼンテーションを受ける側は、自分の仮説と合致するかを確認するだけにとどめてしまいます。誰も他の可能性に気がつかなければ、そのまま話が通ってしまうかもしれません。

振り込め詐欺も確証バイアスを巧みに利用しています。「息子に違いない」という補強情報を次々に与えて信じ込ませています。

## ❖ ハロー効果（Halo effect）

ある対象を評価する際、目立つ特徴に影響され、**その特徴以外の要素まで同じように評価してしまう**傾向。

これは権威や社会的地位に人が影響されてしまうことを表しています。プレゼンテーションにおいても使われる場面がたくさんあります。

- 私は（何か社会的価値のある実績や資格を挙げながら）XXを専門にしています
- XXの世界的な権威であるYYは、こう言っています
- 今回はXXで評価が高いYYを採用しました

自分に権威、社会的地位がないと認識している場合でも、

- 高価なスーツを着る
- ブランド物を身につける

などは効果があります（もっともエンジニア界隈を中心に服装が自由な風潮になってきていますので、TPOによって効果にばらつきはありそうです）。

企業においては、

- 社長が「良い」と言っていました
- 他の経営陣からは全員了承を取り付けています

このパターンで思考停止に陥ったりします。逆にいうとこれで議論を打ち切る力（≒反対されずに目的を達成する）があるわけです。特に責任者であっても責任を取りたがらないのは日本人によくあることではないでしょうか[6]。責任が自分にないように感じる（錯覚する）[7]ので、日本においては特に好まれて使われています。

## ❖ バンドワゴン効果（Bandwagon effect）

**ある選択（製品や事柄）が多数の人から支持されることで、その選択への支持がより強くなる効果。**

バンドワゴン効果は、別名で「社会的証明の原理」とも呼ばれています。もう言わずもがな「流行っててみんな買ってるから私も買ってみた」は、誰しも経験があることでしょう。特にビジネスにおいては「流行っている＝需要がある」ということに違いありませんので説得力を持ちます。もちろんプレゼンテーションの中でも有効に使えます。

- みんなやっています
- ネット上で話題になっています
- 一番売れています

[6] 個人的な経験に基づく主観です。
[7] 責任問題に発展した際は、当人以外の誰かのせいにされたりしますよね……。

　映画の宣伝で、とにかく全米No.1と打って出るのは、このバンドワゴン効果を狙ったものでしょう。

### ❖ フレーミング効果（Framing effect）

　同じ情報や同じ価値のものでも**表現を変えることで、意思決定が変化する**効果。

　要するに"言い方"で変わるという話です。プレゼンテーションにおいては、あらゆるところで利用できるでしょう。ほとんど無意識に使っている方もいます。
　そもそもネガティブな表現を避けて話していないでしょうか。例を挙げてみます。

## 絶対できないことを表現する時

■ できません

　↳難しいですね ※可能かどうかではなく、難易度の表現に変えています

## 成功の可能性が低い時

■ 失敗します

　↳心配しています ※成功・失敗ではなく、心情の表現に変えています

ビジネスにも多用されています。

## 多く買うと割引がある時

■ 4個買うと25%引き

　↳4個買うと1個無料

## ローンの表現

■ 30年で3,600万円です

　↳月々10万円です

言い方で印象が変わっちゃいますよね。判断も変わりそうです。

❖ コントラスト効果（Contrast effect）

同じものでも、**比較対象があることで評価が変わる**傾向。

　プレゼンテーションにおいてもよく使われる手法です。比較対象を作り、比較対象を巧みに変えて判断を促す手法です。30歳は若いでしょう

か、若くないでしょうか。答えは人それぞれ異なってくるでしょう。平均年齢60歳の集団の中にいたら「若い」と判断されそうです。平均年齢が20歳の集団だったら、「若くない」と判断されてしまうでしょう。比較する対象があって、初めて相対的に判断できます。比較対象をコントロールすれば判断に影響を与えることができます。これは本当によく使われます。プレゼンテーションで使われる例を挙げてみます。

## 価格
- 弊社の商品は100万円です
  - ↳ A社：150万円、B社：150万円、C社：120万円、弊社：100万円

## 稟議の順番
- 20万円、100万円、1,000万円の順
  - ↳ 1,000万円、100万円、20万円の順 ※後続の案件は規模がより小さく感じる

## 売上の報告
- 前年比110% ※実は一昨年と比較すると90%

　最初に見た情報を基準にしてそのあとの物事を判断することは「アンカリング」と呼ばれ、コントラスト効果はアンカリングの性質が基になっています。

図2-3　アンカリング

　松竹梅で提案したり、メニューやサービスカタログを作ったりしたことはないでしょうか。

- ■松：高いプラン
- ■竹：普通のプラン
- ■梅：安いプラン

　この場合、竹が選択される場合がもっとも多くなります。極端な選択を避けるという心理が働くようです。一見、選択の自由があるように見えますが、プレゼンテーションする側は竹に誘導したい思惑があるかもしれません。

　余談ですが筆者は引っ越しする際に業者さんへお願いして、いくつか物件を回ったことがあります。大抵次の順番で案内されます。

①ひどい物件（自分の提示した条件に合わない物件）

②まあまあの物件

③いい物件（自分の提示した条件に近い物件）

（このバイアスがかかっていることを自分でも認識していながらも）い
やほんとに最後の物件で決めたくなります。

---

コ ラ ム

## 色彩のコントラスト効果

　プレゼンテーションで使われる色彩にもコントラスト効果を
利用できます。

　プレゼンテーションソフトは、背景や文字の色を自由に変え
ることができます。色を自由に変更したり、追加したりするこ
とができますが、多数の色を使用するのはオススメしません。
配色の黄金比と呼ばれる3色で構成するのが効果的です。

### 配色の黄金比

■ ベースカラー（背景の色）

■ メインカラー（文字の色）

■ アクセントカラー（文字の色 ※強調したいところに使用する）

　この3色は下図のような比率になっているのが理想です。メ
インカラー（文字の色）として、黒を選択する場合は真っ黒で
はなくグレーにするとより綺麗に見えます。またベースカラー

---

やメインカラーに原色を使うのは推奨されません。

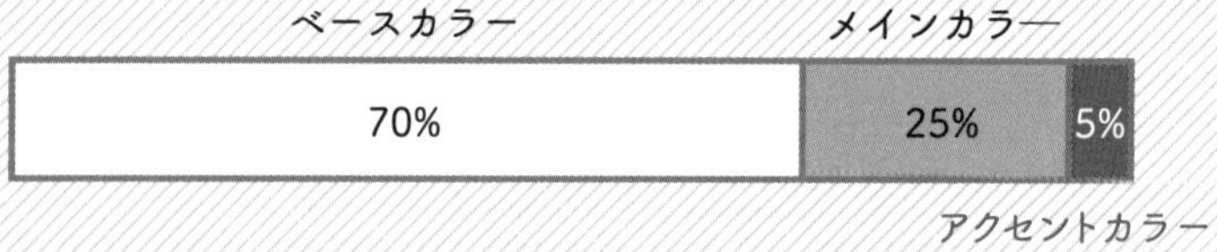

ベースカラー　　　　　　　　　　メインカラー

| 70% | 25% | 5% |

アクセントカラー

図2-4　各色の比率

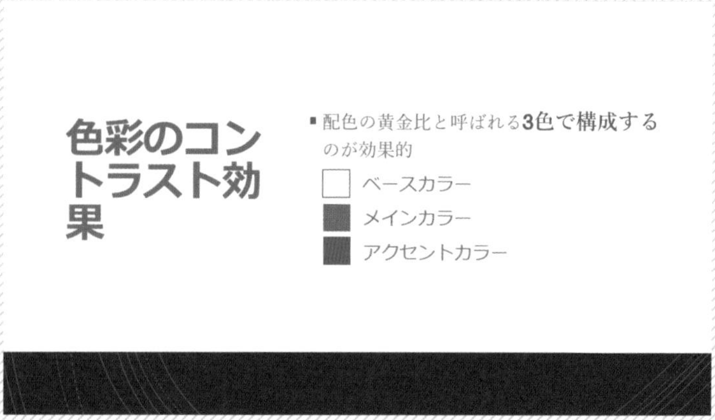

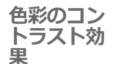

色彩のコントラスト効果

- 配色の黄金比と呼ばれる**3色**で構成するのが効果的
  - □ ベースカラー
  - ■ メインカラー
  - ■ アクセントカラー

図2-5　色彩のコントラスト効果を利用したスライド例

　この配色の黄金比は、プレゼンテーションだけでなく日常生活においても好まれる配色の比率です。例えば部屋の配色について、配色の黄金比（壁紙の色：70% カーテンの色：25% 小物の色：5%）を意識すると統一感のあるインテリアを作り出せます。製品パッケージや企業のロゴなどにも多く使われていますので、意識して観察すると日常生活の中で多数見つけることができます。

図2-6 日常生活に見る配色の黄金比

## ❖可用性カスケード（Availability cascade）

**主張を何度も聞いているうちに、それが正しいと信じてしまう傾向。**

　プレゼンテーションが一発勝負ではない場合に有効な手段です。機会があるごとに何回も「これはいいものだ」という刷り込みをします。筆者は実生活において、最初は好きでもなんでもなかった歌が、ヒットして耳に入る機会が増えてくると「なんかいいかも……」と感じてしまった経験が多々ありました。そして前述のバンドワゴン効果が相乗効果を生み、ブームとなるのでしょう。

　なんたって、人間は選挙カーで名前を連呼されただけで投票してしま

うらしいですから。

**意思決定する際「誰かが得をすれば、別の誰かが損をする」**という
ことを前提として考えてしまう傾向。

ゼロサム思考、またはゼロサム・バイアスとも呼ばれます。交渉事に
なると勝つか負けるかの二者択一で考えてしまうというバイアスです。

ビジネスにおいては、相手に損失を要求するプレゼンテーションをす
ると交渉が成り立ちませんので、Win-Winという考え方ができました。
Win-Winとは経営学用語の1つで、取引が行われる際に交渉をしている
双方が利益を得られるようになるという形態を指します。経営学用語で
すが、基本的な心構えとしては役に立ちます。

プレゼンテーションを始める前に、自分の利益と相手の利益を考えてみます。客観的に見てプレゼンテーションする側の利益の方が大きいと感じる場合、プレゼンテーションを受ける側はよい印象を持ちません。つまりプレゼンテーションは失敗することになります。

以下に例を挙げますが、どのような場合でも双方に利益は存在しますので、勝ち負けとして捉えないことが重要です。

## 企業において、企画の立案をする
- 自分の利益：自分の仕事への評価向上など
- 相手の利益：企業価値の向上、予算達成など

## コミュニティにおいて情報を提供する
- 自分の利益：承認欲求の達成、関連情報の取得、コミュニティの醸成など
- 相手の利益：学習、新しい情報の取得、エンターテイメントなど

交渉という観点で捉えると、交渉のうまい人はそもそも交渉をしないそうです。このバイアスを完全に払拭するのが難しいからです。この場合、お互い共通の目的を達成するために何ができるか話し合いましょうというスタンスになります。交渉の場にならないよう意識的に「何かお役に立てることはありませんか？」というフレーズを使うことが有効のようです。

余談ですが筆者はアジアへ旅行に行って買い物をする際、値下げ交渉をすることがあります。一応の着地点を見て、交渉成立するわけですが

相手が（演技とわかるくらいわざとらしく）悔しがってる素振りを見せてくれたことが何度かあります。どうやら中国語圏の方に「交渉相手が悔しがるほど良い買い物」という文化があるようで、私を中国語圏の人と勘違いしたのかもしれません。このお作法はゼロサムヒューリスティックがベースになっています。

❖ ユニットバイアス（Unit bias）

> 課題や物に対して、量や大きさにかかわらず、**終わらせることに集中する**傾向。

　冒頭で目的やゴールを設定することにより、聴衆をその目的の達成に集中させることができます。具体的にいうとプレゼンテーションでは、以下のような言葉から始めることになります。

- 今日の会議のゴールは、XX を決めることです
- 今日お伝えしたいことは、（簡潔に一文で）XX です
- 今日は、XX の運用プロセスに基づいた、YY という審査になります

　これはプレゼンテーションに限らず複数人で仕事をする上でとても重要です。この特性を利用しない手はありません。だらだらと会議をしてしまい、時には話が脇道にそれて「あれ……なんでこの会議しているんだっけ……」と思ったことはないでしょうか。最初にゴールを提示しましょう。会議でも、プレゼンテーションでも、誰かに仕事をお願いする時でも、です。可能であれば、常時見える位置にあるホワイトボードなどに書いておくと効果的です。たとえ脇道にそれても「主題から脇道に

それましたね」と言って、比較的容易に元に戻すことができます。

　何だそんなことかと思われる方も多いかもしれませんが、これは意外にも実践されないケースが多々あります。そんな場面に出くわしたら「あれ、この打ち合わせのゴールは何ですか？」と聞いてあげるとみんな幸せになれるはずです。

## ✣サンプルサイズに対する鈍感さ（Insensitivity to sample size）

**少数のサンプルを調べただけで、それが全体の傾向を表していると思い込む傾向。**

　これは端的にいうと「割合で表現されると、割合を導出したサンプルの数に注意が向かなくなる」傾向です。例えば以下の情報をアンケート回答数を伏せて提示したとします。

- アンケートによると好評価が90%（アンケート回答数：10）
- アンケートによると好評価が90%（アンケート回答数：100）

　もちろんアンケート回答数が多い方が信憑性があります。アンケート回答数が少ないほど評価がブレる可能性がありますが、回答数に注意が向きません。
　サンプル数を伏せてしまえば、割合はかなり大きく操作できます。例としてサイコロを降って1が出る割合を整理してみます。

表 2-4　サイコロを降って 1 が出る割合

| サイコロを振る回数 | 取りうる値 |
|---|---|
| 1 | 100% , 0% |
| 2 | 100% , 50% , 0% |
| 3 | 100% , 66% , 33% , 0% |
| 4 | 100% , 75% , 25% , 0% |
| 5 | 100% , 80% , 60% , 40% , 20% , 0% |
| 6 | 100% , 83% , 66% , 50% , 33% , 17% , 0% |

　本来は1/6の確率のため約17%が妥当な割合ですが、サンプル数が少なければこの表の中で取りうる値のどれかで表現できてしまいます。

　そのため、プレゼンテーションにおいて割合だけのデータを提示された場合、その根拠となるサンプル数を確認する必要があります。

## ❖基本比率の錯誤（Base rate fallacy）

**統計や確率を基にした合理的な判断と、イメージしやすい数値や直感を基にした判断が大きく異なる傾向。**

　データを割合で表現されることは、直感的にわかりやすいため好まれます。しかし割合に複雑な条件を加えると、その条件を無視してしまう傾向のことです。しかも直感とかなり乖離した結果となりやすいことがわかっています。

　ここでは新型コロナウィルスにおけるPCR検査を例にとって説明します。PCR検査の感度は60〜70%と言われています [8] ので、ここでは70%として計算してみます。

　読者のみなさまが住む街の人全員に対してPCR検査をすることになりました。体調に異変のない読者のみなさまがPCR検査を受けて陽性と判定されたとします。実際にコロナウィルスに感染している確率はどのくらいになるでしょうか。直感では70%の確率で自分はコロナウィルスに感染しているかなという感覚ではないでしょうか。実際は大きく異なります。実は"有病率"と"特異度"という条件を考慮する必要があります。まとめると下表の通りです。

[8] 日本疫病学会 新型コロナウイルス感染予防対策についてのQ＆A（https://jeaweb.jp/covid/qa/index.html）

表 2-5　新型コロナウィルスとPCR検査に関する条件

|  | 割合 | 説明 |
|---|---|---|
| PCR検査の感度 | 70% | コロナウィルスに感染している人を正しく病気であると診断できる確率 |
| PCR検査の特異度 | 99% | コロナウィルスに感染していない人を正しく病気でないと診断できる確率。現状正確な値がわかっておらず、おおよその推定値 |
| 有病率 | 0.1% | 1000人に1人が実際にコロナウィルスに感染しているとする仮定の値。時期や居住地によって異なる |

人口100万人の都市を想定して計算してみます。

**実際にコロナウィルス感染している人の数**

100万人 × 0.1% = 1000人

**PCR検査でコロナウィルス感染者として検出できた人の数**

1000人 × 70% = 700人

**コロナウィルスに感染していないが陽性と診断された人の数**

100万人 ×（100% - 99%）= 1万人

**人口100万人に対してPCR検査で陽性と判定される人の数**

1万人 + 700人 = 10,700人

**あなたがコロナウィルスに感染している可能性**

700/10700 = 6.5%

このように正解は6.5%です。ずいぶん直感と異なります。割合において、複雑な条件を考慮する必要がある場合、それは直感と乖離する場合があるということを覚えておきましょう。事実、PCR検査については「全員検査すべき」vs「全員の検査は必要ない」という論争が起こりました。

　プレゼンテーションにおいては、ミスリードを生みやすい表現になるため十分注意する必要があります。

❖曖昧性効果（Ambiguity effect）

**情報不足や確率が未知な状況において選択を避ける**傾向。

　年始にどこのお店も福袋を売り出しますよね。福袋の中身が見えている場合は買う買わないを瞬時に判断できますが、見えない場合は迷ったり、買わない選択をする場合が多いです。しかし福袋の中身が見えなくても好きなブランドであれば迷わず購入したりしないでしょうか。ブラ

ンドはこの曖昧性を補完できます。

　ブランドによる曖昧性の補完はプレゼンテーションでも効果を発揮します。プレゼンテーションがブランドに関係しない内容だったとしても、プレゼンターの信頼がブランドの代替となります。同じ内容のプレゼンテーションでも、プレゼンテーションする人によって結果が変わってくる要因の1つとして、この曖昧性効果が影響しています。

　また「情報が不足している選択肢を避ける傾向」を応用すれば、選択の誘導が可能です。つまり選択させたくないものは、あえて情報を絞るというテクニックがあります。これは「情報が足りないから、もっと調査すること」という指摘が成立しない条件下で使うことができます。

**⇒ ジャムの法則**
　では選択のための情報が多ければいいかというと、そうではないようです。
　逆に選択のための情報が多すぎると選択されなくなるという興味深い実験結果があります。コロンビア大学のシーナ・アイエンガー教授が高級食料品店で次のような実験をしました。

- ジャムのための小さな試食ブースを入り口のすぐ近くに設置する
- 6種類のジャムを並べた時と、24種類のジャムを並べた時の試食と購入の割合を比較する

　実験結果は次のようになりました。

表2-6　ジャムの実験結果

| ジャムの種類 | 試食の割合 | 購入の割合 |
| --- | --- | --- |
| 24種類 | 60% | 3% |
| 6種類 | 40% | 30% |

　なんと6種類に絞った方が、24種類と比較して10倍購入されているという結果になっています。人間は選択するための情報が多いとストレスを感じ、選択そのものをやめてしまう傾向があることがわかりました。これは実験内容からジャムの法則と呼ばれています。

　ジャムの法則に倣って選択のための情報を絞ることは、ビジネスにおいて必ずしも効果があることではありません。自分が本当に好きで欲しいものは、あらゆる情報が手に入ると嬉しいですよね。より情報が欲しいケースもあります。

　ただプレゼンテーションにおいて過剰な情報提供は逆の効果を生むことを覚えておきましょう。プレゼンテーションを受ける側がストレスを感じないように情報を絞る必要があります。コントラスト効果を考慮すると3つ程度の選択肢に絞るのがよさそうです。

# ネガティブな感情に関連した
認知バイアス

　特にネガティブな感情に関連した認知バイアスを説明します。人間は
ポジティブな情報よりもネガティブな情報により多く影響を受けます。
プレゼンテーションにおいても利用されます。

## ❖ ネガティビティ・バイアス（Negativity bias）

**ネガティブな情報は、ポジティブな情報に比べて注意が向きやすく、
行動に強く影響を与える**傾向。

次の損失回避とあわせて説明します。

## ❖ 損失回避（Loss aversion）

利益よりも、**損失の回避を選択する**傾向。

　人間はポジティブな情報よりもネガティブな情報に敏感にできていま
す。利益を得ることより、損失の方がおよそ2倍の影響があるという研
究結果 [9] があります。

[9] 友野典男「行動経済学の最近の進展」2000、https://core.ac.uk/download/
pdf/59302548.pdf

これは状況によります[10]が、表現方法をポジティブな表現からネガティブな表現に変えるだけで、プレゼンテーションを受ける側の選択に影響を与えられるということです。

例をいくつか挙げてみます。

表2-7　ポジティブな表現とネガティブな表現

| 事象 | ポジティブな表現 | ネガティブな表現 |
| --- | --- | --- |
| 顧客満足度 | 顧客の80%が好評価 | 顧客の20%が不満 |
| 勉強 | 勉強することで進学できる | 勉強しないと進学できない |
| ダイエット | 痩せると異性にモテる | 痩せないと異性にモテなくなる |
| 視力矯正 | 視力矯正すると視力が改善する | 視力矯正しないと見えない |

どちらの表現がより行動に移しそうでしょうか。ネガティブな表現の方が「あやばい、何とかしなきゃ」という気持ちになります。より影響を与えやすいことがわかります。

## ❖ 現状維持バイアス（Status quo bias）

**変化によって得られる利益よりも、変化で生じる損失を恐れて現状維持を望む**傾向。

何かを変えるというのは、経済的に、精神的に、あるいは肉体的に負担がかかります。変化することで利益が得られる可能性もありますが、何かを損失するリスクも生じます。そのため、変化を起こしたがらずに

[10] 例えば商品やサービスの説明において、ネガティブな表現を使うのはあまり好まれません。

現状維持を望む傾向のことです。

　これは前述した損失回避が関係していると言われています。現状から変化することで生じるリスクが気になり、それを回避する選択（＝現状維持）をとりがちです。

　加えて、この傾向はできるだけ失敗しない選択を好む日本人の特性にうまくハマっています。結果として日本の組織においては、チャレンジしない、もしくはチャレンジするにあたってリスクをすべて洗い出してから対応しよう、という議論になりがちです。

　このバイアスは日本人には特に強く働きますので、プレゼンテーションをする側の目的が「現状維持」だった場合、変わった場合のコストやリスクを強調するだけで、プレゼンテーションを受ける側の選択を誘導できます。

　逆にプレゼンテーションをする側の目的が「変えること」だった場合、現状維持バイアスはかなりの難敵に変わります。例えばより効率的に仕事を進める方法を見つけたとします。そして「ここを変えると、こんな

に効率的になります。ただそれをするには、みなさんの仕事の仕方を変えてもらう必要があります」と、提案したとします。

　ご自身の環境に置き換えて、想像していただくとどうでしょうか。猛反対されるような気がしませんか。どの組織においても反対意見は出る気がします。

　筆者の個人的な経験と感覚から申し上げると、年齢を重ねるごとに現状維持バイアスの傾向が強くなっていくと感じています。食べ物、衣服、スマートフォン、仕事内容すら、こだわりがないものは全部現状維持でいいか……という気持ちになりがちです。

### ➡ デフォルトの効果

　現状維持バイアスに関連したテクニックとして、デフォルトを利用する方法があります。デフォルトは自分から意思表示しなければ自動的に選択される初期設定のことです。私達の生活においてもデフォルトが設定されているものはたくさんあります。

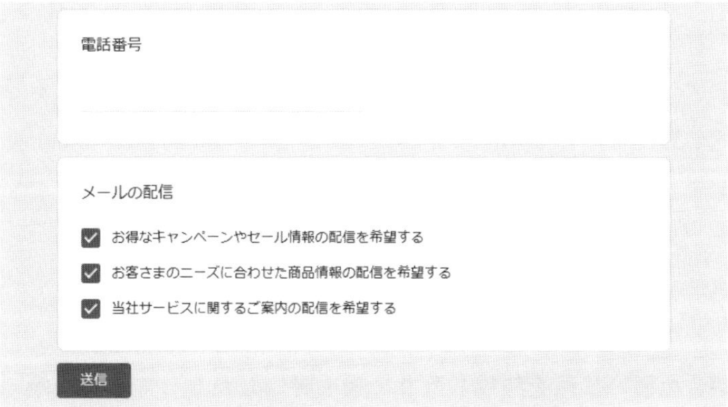

図2-7　ショッピングサイト登録時におけるデフォルト設定の例

- ショッピングサイトに登録した際の「セール情報の通知を受け取る」（「受け取る」がデフォルトになっています）
- 携帯電話の解約（申し出なければ更新されます。「更新する」がデフォルトになっています）
- 運転免許更新時の交通安全協会への加入（加入は任意なのですが、昔は加入がデフォルトでした）
- 臓器提供の意思表示（日本はデフォルトが「提供しない」です）

　プレゼンテーションにおいては使いどころが難しいですが、うまくデフォルトを使うことができればとても強力なテクニックになります。

# プレゼンテーションを見る・聞く側が陥りやすい認知バイアス

　プレゼンテーションを見る・聞く側が陥りやすいバイアスについて説明します。自分自身にこのバイアスがないか確認してみましょう。これはプレゼンテーションする側にも意味があります。これから説明する認知バイアスを持った人の識別ができれば、個別に対策を考えることができるからです。

❖ **正常性バイアス**（Normalcy bias）

　自分に**都合の悪い情報を無視したり、過小評価したり**してしまう傾向。

「自分だけは大丈夫」「自分だけはダマされない」と無根拠に感じてしまう原因がこの正常性バイアスです。災害時ではこのバイアスが働いた結果、逃げ遅れてしまうケースが死者の多くを占めます。台風の時に海や田んぼの様子[11]を見に行くのも正常性バイアスが働いた結果です。

プレゼンテーションにおいては、何かの悪い報告を聞く際「そうは言っても大丈夫なんでしょ」という楽観的な思考になる場合があります。プレゼンテーションする側も、悪い報告はできるだけ控えめに表現しがちです。そのためあとで大問題に発展するケースが多いです。聞く側としては、このバイアスがかかっていないか注意する必要があります。

## ❖信念の保守傾向（Conservatism）

**新しい情報や証拠を過小評価し、信念が修正されない傾向。**

保守性バイアスとも呼ばれます。いわゆる"頑固な人"がこれに当たります。その頑固な人は、自身の信念に固執してそれ以外を否定し、正当に評価をしない傾向があります。プレゼンテーションの場合はあら探しされます。自身の信念を変えないので、ダマされにくい人ともいえます。

プレゼンテーションをする立場の場合、聞き手に頑固な人がいないか、頑固な人が決裁者かどうか注意する必要があります。プレゼンテーショ

[11] ニュースでは田んぼの様子を見に行って……としか表現しませんが、田んぼの排水機能を調節しないとその年の収穫がなくなるため、リスクを承知で様子を見に行く必要があることも承知しています。ご心情察するに余りありますが、命を最優先に行動いただければと思います。

ンにおける目的を達成することを最優先に考えた場合、その人への対策を考える必要があります。対策については、次の信念バイアスで述べます。

## ❖信念バイアス（Belief bias）

自分の価値観、信念、事前知識に合致する結論は受け入れるが、一方で、その**結論に対する反論を拒否する**傾向。

これも頑固な人の特徴です。相手が論理的でない主張をしている場合、なぜそのような主張をするのかという理由を聞くことには価値があります。今までの失敗談や成功体験から導き出された（本人の中では論理的な）結論かもしれません。より多くのコミュニケーションを取る必要があるでしょう。もしかしたら、バイアスの影響を受けているのは私達かも。

説得の際は、相手がそう信じる理由を傾聴して、論理的でない点を自身で気づいてもらう[12]必要があります。説得相手が上役や決裁者だと大変苦労します。

## ❖バイアスの盲点（Bias blind spot）

他人が影響を受けている認知バイアスには気づけるが、**自分が影響を受けていることには気づけない**傾向。

他人の認知バイアスには気づいているのに、自分の認知バイアスには

[12] こちらから指摘をすると意固地になって考えを改めなくなります。

気づけない傾向のことです。つまり他人と比べて自身を過大評価する傾向があります。そして自分では気づきません。自分のことは自分が一番よくわかっているという表現がありますが、意外にも自分が認知バイアスの影響を受けているかを客観視するのは困難です。これには効果的な回避方法がなく、ゆえに盲点と呼ばれています。

ただし他人の認知バイアスには気づけるため、周りの人の力を借りて認知バイアスの影響を是正できます。身近な人から客観的意見をもらうだけで容易に気づけたりもするのです。普段買わない高価なものを買う際「やめときなよ、それダマされてるよ」という家族や友人からの言葉で救われた経験、もしくは救った経験はないでしょうか。

「自分は大丈夫、ダマされたりはしない」と思いがちですが、大事な判断をする時は、自分にもバイアスの盲点があることを前提として臨みましょう。

# 認知バイアスを利用したスライドの種明かし

冒頭で提示したスライドには、本章のテクニックがいくつか使われていました。種明かしをしてみましょう。

図2-8 冒頭のスライドは9つの箇所で手法を利用している

表2-8 利用していた手法

| 箇所 | 利用している手法 |
| --- | --- |
| ① | バンドワゴン効果（売れていることを演出） |
| ② | ハロー効果（メダルのイメージによる権威を利用） |
| ③ | バンドワゴン効果（売れていることを演出） |
| ④ | ハロー効果（メディアの権威を利用） |
| ⑤ | バンドワゴン効果（多数の好評価） |
| ⑥ | フレーミング効果（定価との比較で割安感を演出） |
| ⑦ | フレーミング効果（定価との比較で割安感を演出） |
| ⑧ | 損失回避を軽減する言葉 |
| ⑨ | 認知バイアスではありませんが、この言葉で効果の真偽についてごまかしています |

本章では、認知バイアスについて解説しました。これら認知バイアスに対する対応手段については、「第9章　そもそもダマされないしくみ」にて解説しています。

## Apple 社の製品発表

　プレゼンテーションのうまい有名人において、故スティーブ・ジョブズ氏を外すことはできないでしょう。赤字続きで倒産まであと3ヶ月という瀕死のAppleを、文字通りプレゼンテーションで救った立役者です。

　筆者がもっとも目を引いた特徴は、前述したゴールデン・サークル理論を的確に利用していることです。TEDでサイモン・シネック氏が発表するはるか前から実践していました。最初に自分の信念（Why）を必ず伝えています。いくつか例を挙げてみます。

### 1997年の Think different. キャンペーンの社内向け発表の プレゼンテーション（抜粋）

Marketing is about values.
（マーケティングとは我々の価値をどう伝えるかということだ。）

（中略）

The way to do that is not to talk about speeds and fees.

（その方法は、速度や料金の話をしないことだ。）

　冒頭でWhy（なぜ）を伝え、中盤でHow（どのように）を伝えています。決して「こういうやり方でマーケティングしましょう」ということから話し始めたりはしません。

## 2001年 iPod発表のプレゼンテーション（抜粋）

Now, why music? Well, we love music. And it's always good to do something you love.

（なぜ音楽なのか？　それは音楽が好きだからです。好きなことをするのは最高でしょう。）

（中略）

So, we looked at this and studied all these and that is where we want to be.

（だから、これら（当時の携帯できる音楽デバイス）を全部研究して、私達の目指すところを見つけました。）

（中略）

What is iPod? iPod is an MP3 music player, has CD quality music, and it

plays all of the popular open formats of digital music: MP3, MP3
Variable Bit Rate, WAV, and AIFF.
（iPodとは？ iPodはMP3音楽プレーヤーで、CD品質の音
楽があり、デジタル音楽の一般的なオープンフォーマット
をすべて再生します。）

　Why（なぜ）→ How（どのように）→ What（何を）の流れで
プレゼンテーションしています。完璧です。

## 2007年 iPhone発表のプレゼンテーション（抜粋）

Today, Apple is going to reinvent the phone.
（今日、Appleは電話を再発明しようとしています。）

（中略）

So, we're going to reinvent the phone.
（だからスマホを再発明するということですね。）

（中略）

Well, how do you solve this? Hmm. It turns out, we have solved it! We
solved in computers 20 years ago.
（さて、これをどのように解決したらよいでしょう？　結

局、20年前にコンピュータで解決していました。)

（中略）

And we have invented a new technology called multi-touch, which is phenomenal.
（マルチタッチと呼ばれる驚異的な新技術を発明しました。）

　基本的な流れは、やはり Why（なぜ）→How（どのように）→What（何を）の順になっています。決して、「見てください、このスマートフォンはマルチタッチができるんです」から始めていません。
　全文では3つの機能（タッチ操作のiPod、革命的携帯電話、画期的ネット通信機器：マジックナンバー3の手法を用いてますね）に分けて説明していますが、いずれも機能から説明してはいません。

　当時、技術的な切り口で見たら、Apple社だけが特別優れている企業ではありませんでした。日本の企業にも製品の開発能力はあったはずです。にもかかわらず今では高いシェアでiPhoneが普及しています。原因はいろいろと語られるところですが、筆者はプレゼンテーション（社外向け・社内向け、どちらも）の差もその要因の1つであったと考えています。

# ダマす数値

本章以降は、ダマすプレゼンテーションに関係する個々のテクニックについて解説をします。以下のスライドは都市Aと都市Bで所得の格差があるように見えます。

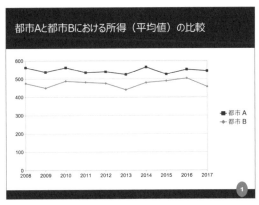

図3-1　平均値による比較

　ですが数値の表現方法を変えると以下のように見ることもできます。ほとんど差異がありません。

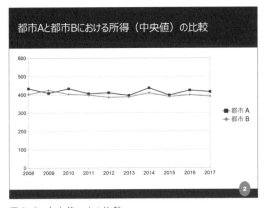

図3-2　中央値による比較

どちらも数値としては正確 [1] です。

**「数字は嘘をつかないが嘘つきは数字を使う」**という言葉が話題になったことがありました。正しく測定された数値に基づいてプレゼンテーションしようとする時、どのようにして印象を変えることができるでしょうか。その方法について解説します。

ちなみに人間はデジタルな数値に対しても認知バイアスによって影響を受けます。以下の2つは"切りの悪い数字で起こるバイアス"と"切りのいい数値で起こるバイアス"で矛盾していますが、どちらも人間が持つバイアスです。状況によってどちらが優勢になるか異なります。

## フレーミング効果（Framing effect）
- 2,000円と1,980円の差は僅かだが、1,980円が安いと感じてしまう
- 80点と79.53点では、後者の方が信憑性のある数値と感じてしまう

## 切りのいい数字を好む傾向
- 前年比109%を目標にしますというと違和感があるが、110%にすると違和感が消える
- 出精値引き（明確な理由のない端数の切り捨て）

---

[1] 架空の都市であり、架空のデータを基にグラフを作成していますが、現実でもこのような差異は起こりえます。

# 数値の切り捨て・切り上げ・四捨五入

　プレゼンテーションする側としては、特定の数値を大きく見せたい、または小さく見せたい時があるはずです。この時、**端数の処理でごまかす**という手段が使われます。端数の処理が1つの資料でばらつきがある場合は、このような意図が隠れている可能性があります。1つの資料内で端数の処理方法が異なっているものを見つけたら、その理由を確認するようにしましょう。

# 平均値・中央値・最頻値

　**平均値・中央値・最頻値**の特徴を使って、相手に対して与える印象を大きく変えることができます。例として日本人の平均年収の話を取り上げます。普通 [2] の人はどのぐらい年収があるのかな？ と、気になる方もいることでしょう。

　平成29年の国民生活基礎調査の世帯所得分布から次のことがわかります。

［2］普通が何を指すか曖昧なのでダマす余地が生まれています。

表 3-1　世帯所得の平均値・中央値・最頻値

| 平均値 | 中央値 | 最頻値 |
|---|---|---|
| 560万2千円 | 442万円 | 300〜400万円 |

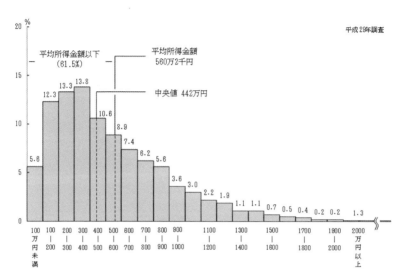

図 3-3　所得金額階級別世帯数の相対度数分布
　　　　出典：厚生労働省「平成29年　国民生活基礎調査の概況」2018

　平均値、中央値、最頻値のそれぞれで差異が出ました。この数字をもってして、嘘にならない範囲で以下がいえます。

- 日本人は平均して560万円／年の所得があります
- 普通の日本人はだいたい442万円程度、所得があります
- 日本人は300〜400万円／年の所得がある人がもっとも多いです

　もう少し簡素な例を出してみます。以下のような数列の平均値・中央値・最頻値はいくつになるでしょうか。

1, 2, 2, 3, 3, 3, 3, 4, 4, 5, 5, 5, 8, 11, 100

この場合、それぞれ以下の値になります。

表3-2　平均値・中央値・最頻値の差異

| | 値 | 計算方法 | 外れ値の影響 |
|---|---|---|---|
| 平均値 | 10.6 | (1+2+2+3+3+3+3+4+4+5+5+5+8+11+100)÷15 | 大 |
| 中央値 | 4 | 15個並んでいる数の真ん中 | 小 |
| 最頻値 | 3 | もっとも多く出現している数 | 影響なし |

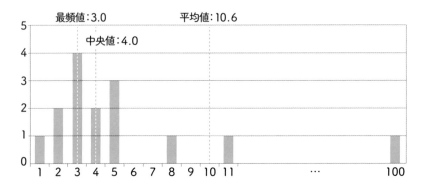

図3-4　平均値・中央値・最頻値の差異

　結局この3つの違いは、**外れた値（例だと100）があった時にどの程度影響を受けるか**ということになります。

　所得も同じことがいえます。大富豪がいるだけで平均値がどんどん高くなります。"普通の人の所得"は、平均値で表すのが適切か、中央値なのか最頻値なのか、本当に知りたかった数字は何だったのか、プレゼンテーションを受ける側のリテラシーが問われます。

　プレゼンテーションの場面において、このような何かを代表する数値

が表現された時は、「平均値」なのか「中央値」なのか「最頻値」なのか確認してみましょう。

　蛇足ですが、この本を執筆している最中に興味深いことが起こりました。2020年5月、世界がコロナウィルスの疫病に悩まされていた最中、アメリカの2020年4月の平均賃金が発表されました [3]。さて、どうなったかというと……昨年の同時期と比較して7.9％も増加しました。インフレが現在よりもはるかに高かった1980年代初頭以来、もっとも速い賃金の伸びです。おかしいですね？ 経済活動は世界的に停滞していたはずです。なんと原因は低賃金労働者の35％が無職になった [4] ことにより、平均値から低い集団が一斉に排除されたためでした。平均賃金だけを見て経済状況を推し量れない特殊な状況となりました。中央値や最頻値も見たいところです。

# 抽象表現

　都合の悪い数値を見せたくない場合、**抽象的な表現に置き換える**方法です。次の表は、決算時における表現の例です。

---

[3] The Washington Post『The awful reason wages appeared to soar in the middle of a pandemic』より
[4] アメリカにおいて、雇用主はどんな理由であっても通告なしに、いつでも従業員を解雇できます。そのため不況時には数値にすぐ反映されます。雇用が法律で守られた日本とは事情が異なっています。

表 3-3　抽象表現の例

| 状況 | 具体的な数字 | 抽象的な表現例① | 抽象的な表現例② | 抽象的な表現例③ |
|---|---|---|---|---|
| 良い | 1億円の黒字 | ☀ | ◎ | 😊 |
| 前年並み | 収益ゼロ | ☁ | ○ | 🙂 |
| 悪い | 1億円の赤字 | ☂ | △ | 😭 |

　こういう表現を見かけた場合は、具体的な数値を示す必要がないか、あるいは触れられたくない数値が背後にある可能性を疑ってもよいでしょう。

# 統計で嘘をつく

　プレゼンテーションの資料に使われる**統計情報の出所**には注意する必要があります。アンケートによる調査などがその代表例です。アンケート実施者の意図に基づいた操作をされる可能性があります。

❖統計情報を取得する対象の偏り

　統計情報を取得する対象（アンケートの全回答数など）は、ある程度大きいものでなくては統計データとしての信憑性がありません。また、対象は無作為に選ばれていることが望ましいとされています。実際は、無作為に情報収集するのは難しいため、取得方法が明示されているべきです。例えば次のような記述のことを指します。

- 街頭で無作為に抽出し、インタビュー形式で実施しました
- インターネットを利用したアンケートを実施しました
- 特定の地域の全住民を対象に郵送によるアンケートを実施しました

このような条件が示されていない統計情報は疑ってしかるべきでしょう。

➡️ **「無作為に情報収集するのは難しい」について**

アンケートを例にすると大抵は、特定の地域、特定のメディアなどを使って取得することになるため、どうしても偏りが生じます。アンケートの景品に釣られた人や、対象に興味がある人だけが回答する場合も偏りが生じるでしょう。

選挙の開票速報については、開票率0%で当確が判断できるほど高い精度で予測できていますが、それでも実際には期日前投票分の調査ができていないため、若干の偏りが発生し得ます。

## ❖ 公平ではない恣意的な選択肢

例えば以下のようなアンケート項目があったとします。

質問「他社と比較して安価な商品Aについて、販売を止めるべきですか」

- 止めるべき
- 止めるべきではない

この場合、次の2つの問題があります。

- 商品Aに対して肯定的な情報（"安価な"という箇所）が含まれている
- 公平な選択肢ではない（「どちらともいえない」や「その他」が必要）

　アンケート実施者によって**意図的に選択肢が設定された情報**は、統計情報として信憑性がありません。

## ❖不都合な情報を公表しない

　アンケート実施者の意にそぐわない結果は公表されない可能性があります。これは難しい問題で、公表されていない情報があるかどうかを聞き手が判断できません。不信な点があれば情報の出所を確認してもいいでしょう。

## ❖疑似相関

　統計からデータの関連性（相関関係）[5]を見つけることができます。例えば評価の高いサービスが、なぜ高評価なのかアンケート結果から見つけることができるでしょう。

　プレゼンテーションにおいても「Aが増えるとBも増える相関がある」という内容で話が進められることがあります。

　注意が必要なのは、これらが本当に関連しているかということが確認されないまま、話が進む場合があることです。例えば、**一見関連していそうな2つの事象が関連していない**ということが考えられます。

　これは**疑似相関**と呼ばれ、悪意があればこれを基にストーリーが作られます。実例を挙げると、人種と犯罪率の関係は疑似相関であり、人種差別の根拠となっていました。実際は、背景にある経済格差など人種と

[5]　一方が他方との関係を離れては意味をなさないようなものの間の関係。

は別の要因であることがわかっています。以下に他の例を挙げます。

表 3-4　疑似相関

| 疑似相関の例 | 正しいと思われる解釈 |
|---|---|
| 年収が低いほど交通事故が多い | 運転に不慣れな若者の事故が多いため |
| アイスクリームが売れるほど水難事故が増える | 猛暑が原因と考えられる |
| 納豆の消費量が多い地域ほど疫病にかかる人が少ない | 納豆に特別な免疫力向上の効果はなく、別の要因が考えられる |

　この疑似相関は見破るのが困難で一筋縄ではいきません。そのため歴史上、幾度となく使われてきています。疑似相関については、プレゼンテーションの場において完全な否定も肯定もできないため、これだけに依存した判断をしないように注意が必要です。

### ❖ 因果関係の逆転

　**「風が吹けば桶屋が儲かる」**ということわざがあります。これは、風が吹くということと、桶が売れるということに因果関係[6]がありそうだと考えられます。

---

[6] 原因とそれによって生ずる結果との関係。

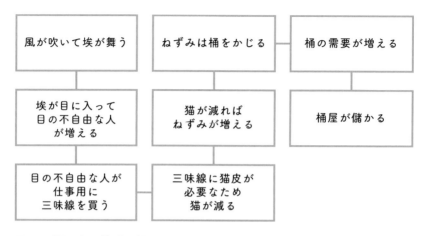

図3-5 「風が吹けば桶屋が儲かる」の因果関係

　プレゼンテーションにおいても「Aが原因でBが増加（または減少）した」という内容で話が進められることがあります。この時、原因と結果が逆になっている可能性があります。ちょっとイメージしにくいので以下に例を挙げます。

表3-5　逆転した因果関係

| 逆転した因果関係の例 | 正しいと思われる解釈 |
| --- | --- |
| 交番の数が多いと、犯罪の数が多い | 犯罪が多い地域に、交番が多く設置されます |
| 現場に到着する救急車が多いと、負傷者が多い | 多くの負傷者対応のために、多くの救急車が出動します |
| ツバメが低く飛ぶと雨が降る | ツバメが天気を制御しているわけではなく、湿度の上昇でエサの羽虫が高く飛べなくなることに起因しています |

　これらの例は極端なのですぐに不自然さに気がつきますが、ビジネスシーンなどにおいては見落としがちです。

例えば「広告費が増えると、売上が増える」は、一見正しそうです。すると、売上増加のために広告の予算をもっと増やせばよいのでしょうか。もしかしたら「売上が増えた結果、広告の予算を増やした」のかもしれません。

　これも疑似相関と同様に因果関係の証明は困難です。つまり、誰も「この因果関係は正しい」や「間違っている」と断言できる状況になりません。しかしながら因果関係が逆転したまま話が進むと誤った判断をする可能性があります。話の展開が不自然に感じたら、他の要因や逆の因果関係が存在していないか確認してみましょう。これだけに依存した判断をしないように注意が必要です。

---

**コラム**

### プレゼンテーションツール

　筆者がよく使う、または注目しているプレゼンテーションツールを紹介します。うまく使えば大変便利な機能もあります。読者のみなさまご自身の環境にしたがって試していただければと思います。

　ただ重要なのはツールにこだわることではなく、何をどう伝えるかという考えの方がより重要です。筆者は以前、紙芝居[7]でのプレゼンテーションを拝聴したことがありますが、とても説得力のあるものでした。

---

[7] おそらくPC操作が苦手な方だったのだと拝察しています。

表3-6　プレゼンテーションツール

| 名前 | 提供元 | 有料・無料 | 参照先 |
|---|---|---|---|
| Microsoft PowerPoint | Microsoft | 有料（単体購入、Office購入、サブスクリプション） | https://www.microsoft.com/ja-jp/microsoft-365/ |
| Keynote | Apple | 無料 | https://www.apple.com/jp/keynote/ |
| Google スライド | Google | 無料 | https://docs.google.com/presentation/u/0/ |
| Marp | Yuki Hattori（@yhatt） | 無料 | https://marp.app/ |
| reveal.js | Hakim El Hattab | 無料 | https://revealjs.com/ |
| miro | Miro | 無料（制限あり）、有料プランで制限開放 | https://miro.com/ |

　以降、章末のコラムで、それぞれのソフト・サービスについて詳細を説明していきます。

# ダマすグラフ

この章で説明するダマすグラフは、日常に多く潜んでいます。これらのグラフはミスリードを誘う手法としてよく知られているにもかかわらず、テレビなどのマスコミを中心にいまだに使われています。例えば以下のグラフはどのように見えるでしょうか。

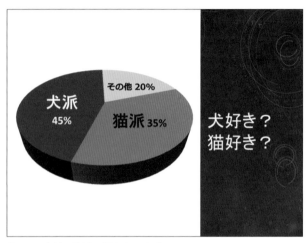

図 4-1　犬派と猫派の割合を示すグラフ

　犬派より猫派が多数派のように見えますが、実際の割合は犬派のほうが多いです。

　このようなグラフはよく見かけますが一度しくみを理解してしまえば、ダマされるようなことはなくなるでしょう。本章を読んでいただければ、大部分の恣意的なグラフを見破ることができます。

### グラフで表現するサンプルデータについて

サンプルデータに筆者自身の意思が入らないように、主に数値の差が大きく見えるフィボナッチ数列を用います。フィボナッチ数列は「**2つ前の項と1つ前の項を足し合わせていくことでできる数列**」です。

1, 1, 2, 3, 5, 8, 13, 21, 34, 55, 89..

この値がどの程度恣意的に歪められるかグラフで確かめてみます。

# 3Dグラフ

まず取り上げたいのは、グラフを立体的に表現した**3Dグラフ**です。自分が聞いているプレゼンテーションの中に、3Dグラフが出てきたら、その内容を注意して確かめるようにしましょう。棒グラフでも円グラフでもそれ以外のグラフでもです。例を示しながら説明します。

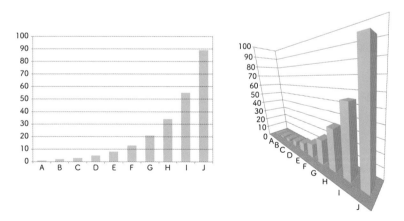

図 4-2　通常の棒グラフ・3D棒グラフにおける印象の違い

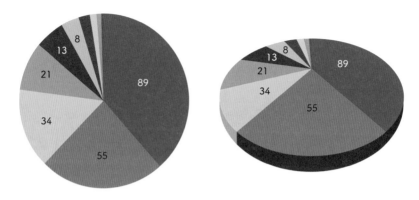

図4-3　通常の円グラフ・3D円グラフにおける印象の違い

　3D棒グラフも3D円グラフも**手前のデータがより大きく見えます**。特に円グラフは「89」のデータより、手前の「55」のデータの方が大きく見えます。

　またこの例では合わせ技で、**色彩の心理的効果**を利用しています。心理的に大きく見える色（膨張色）と小さく見える色（収縮色）を使ってさらに手前が大きな割合を占めているように錯覚させています。

## 膨張色

- 高明度（明るい色、一番明度が高い色は白）
- 暖色（暖かく感じる色、赤、橙、黄）

## 収縮色

- 低明度（暗い色、一番明度が低い色は黒）
- 寒色（冷たく感じる色、紺、青、水色）

# グラフ軸のレンジの不一致

　グラフが複数並べられている時も注意しましょう。2つのグラフを比べる時は、**縦軸・横軸のレンジ**を合わせておかないと正しい比較ができなくなります。

> 本書では**グラフにおける範囲**のことを「**レンジ**」と表現しています。例えば図4-4にあるグラフの縦軸のレンジ（範囲）は、左のグラフが0から60まで、右のグラフが0から7000までです。同じように見えますが数値はまったく異なっていることがわかります。横軸も同様です。

　縦軸のレンジが不一致の例を以下に示します。

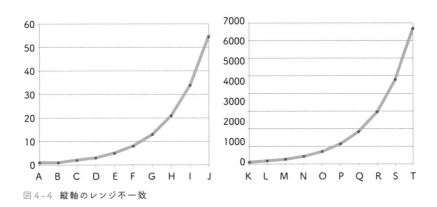

図4-4　縦軸のレンジ不一致

　一見すると似た推移をしているように見える2つのグラフですが、正しくは次のようであるべきです。

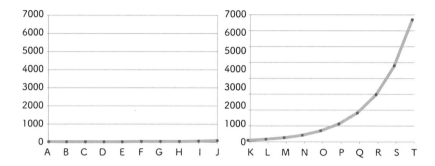

図4-5 縦軸のレンジを合わせた比較

　横軸のレンジが不一致の例を以下に示します。

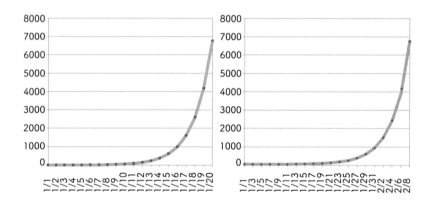

図4-6 横軸のレンジ不一致

　横軸のレンジを合わせたグラフは次の通りです。

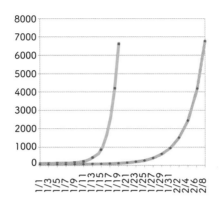

図 4-7　横軸のレンジを合わせた比較

　2つのグラフを比較する場合は、レンジに注意する必要があります。

# 目盛りの調整

　目盛りの幅が妥当か注意してみる必要があります。これを調整するだけで受ける印象が大きく変わります。

### ❖縦軸の調整

　次のグラフは同じデータを表現していますが、見え方が異なります。縦軸を調整するだけで変化を大きく、または少なく見せることができます。

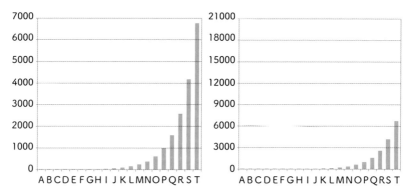

図4-8 縦軸の目盛りを調整したグラフ

❖ 横軸の調整

　以下のグラフは世界の人口推移を表現していますが、見え方が異なります。縦軸と同様に横軸を調整するだけで変化を大きく、または、少なく見せることができます。

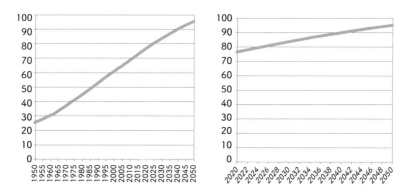

図4-9 横軸の目盛りを調整したグラフ

❖ 0から開始しない

　0から開始しないグラフは、小さく見せることも、大きく見せること

も何でもできてしまいます。

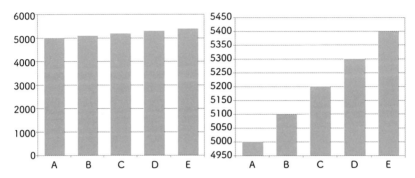

図 4-10　0 から始まらないよう調整したグラフ

## ❖ 0 から開始するが途中で切る

　たとえ 0 から開始したとしても、途中で切るような表現をすれば同じことができます。

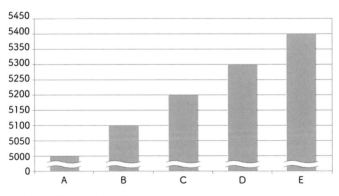

図 4-11　途中で切れたグラフ

## ❖ 目盛りなし

　次のグラフは同じデータを基に作られています。縦軸のレンジを変え

ることによって、グラフの見た目を変えています。左のグラフの縦軸の
目盛り上限は1000で、右のグラフは100になっています。**目盛りが存在
しないグラフは信用するに値しません。**

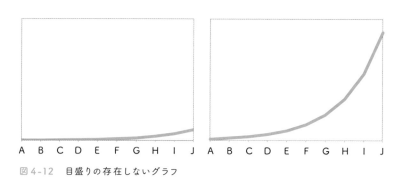

図 4-12　目盛りの存在しないグラフ

# 割合での表現に変換

　**割合だけを表現しているグラフも注意が必要**です。相手にまったく逆の
印象を与えることができます。以下は、売上が毎年減少している例です。

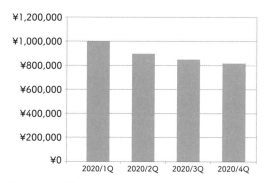

図 4-13　売上の減少を表すグラフ

一方で、以下のように縦軸の目盛りを金額から割合に表現を変えれば、売上の減少が鈍化していることを表すグラフになります。「売上減少は年々改善してきています」といえるわけです。

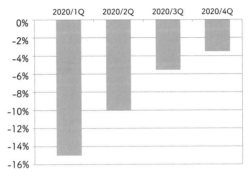

図4-14　売上減少の鈍化を表すグラフ

# 集計単位のごまかし

　集計単位をごまかすことで、相手にまったく逆の印象を与えることができます。次の図は「りんごが売れていない」という事実を隠して、「果物が売れている」という逆の印象を与えることができます。

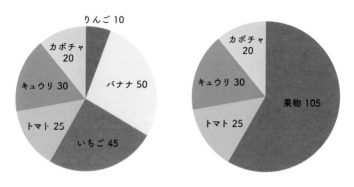

図4-15 集計単位によって逆の印象を与える

　以下は筆者が実際にテレビで見た事例で（実際はより過激な表現になっていました）、2020年4月6日時点の日本国内におけるコロナウィルス感染者年代別の人数です。左のグラフを見ると20代から50代において、特徴的な分布は見られません。ところが、これを仮に右のグラフのように20代以下を若年層としてまとめてしまうとどうでしょう。若年層がウィルス感染を広めているかのような印象を持たせることができます。

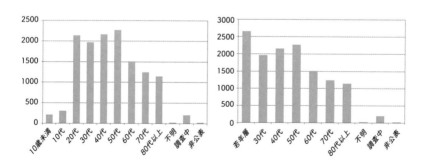

図4-16 年代別コロナ感染者数の印象の比較
　　　出典：厚生労働省,「新型コロナウイルス感染症の国内発生動向（令和3年4月26日18時点）」, https://www.mhlw.go.jp/content/10906000/000625626.pdf
　　　※図中右のグラフは出典のデータを基に作図したものです。

# ダマすグラフの見破り方まとめ

　注意しなければいけないグラフのチェックポイントをまとめます。下表に示す特徴のグラフが出てきたら、プレゼンテーションする側がダマす意図を持っていないか改めて注意が必要です。

表4-1　ダマすグラフのチェックポイント

| チェックポイント | 理由 |
| --- | --- |
| 3Dグラフ | 意図的に読み手に誤った印象を与えようとしている可能性があるため |
| グラフの目盛りがない | 数値が正確に把握できない、または比較できないため |
| グラフの目盛りが不統一 | 数値が正確に把握できない、または比較できないため |
| 割合で表現されたグラフ | 数値で表現すると不都合な事実が裏にある可能性があるため |
| 集計単位が不統一なグラフ | 数値が正確に把握できない、または比較できないため |

# PowerPoint

　言わずと知れたMicrosoft PowerPointは、MicrosoftがWindows、macOS、iOSおよびAndroid向けに開発・販売しているMicrosoft Officeに含まれるプレゼンテーションソフトウェアです。

　おそらくプレゼンテーション用ソフトとしてはもっとも普及しているソフトウェアではないでしょうか。とても多機能で業務用途でも多くの場面で使用されています。筆者も仕事で使うのはもっぱらPowerPointです。

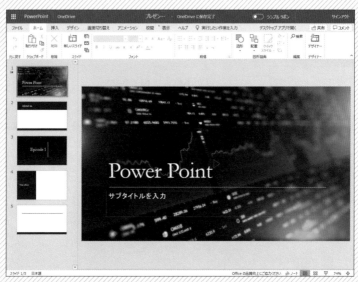

図4-17　Microsoft PowerPoint

2021年現在は、単体で購入、Microsoft Officeに包含される形で購入、サブスクリプションなどの複数の入手方法があります。また一部機能が制限されるもののインターネットに接続できる環境であればOffice Online [1] のPowerPointを無料で利用することもできます。

　また、OSSのLibreOffice Impress [2] を使えば、近い操作感でPowerPointと同じフォーマット形式のファイルを扱うことができます。

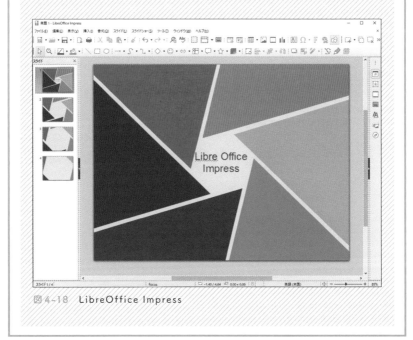

図4-18　LibreOffice Impress

[1]「Microsoft Office」https://www.microsoft.com/ja-jp/microsoft-365/microsoft-office

[2]「LibreOffice」https://ja.libreoffice.org/

# ダマす写真

写真は事実を切り取ったものと言われることがあります。写真が映し出している情報は、それが意図的に加工されたものでないなら、まぎれもない事実でしょう。ただそういった写真の特徴を用いて、ダマしているケースがあります。

# レンズの圧縮効果

　レンズの圧縮効果と呼ばれる光学的効果があります。離れている被写体群について遠近感を少なくできる撮影技法です。圧縮効果自体は撮影技法の1つとして利用されており、それ自体は悪いことではありません。ただ撮影者の意図を強く反映できる手段でもあります。

　以下のイラストは人混みでごった返しているように見えます。レンズの圧縮効果を利用するとこのような構図が撮影できます。

実際は以下の通りで、それほど混んでいるわけではありません。

以下もレンズの圧縮効果を利用して撮影されています。被写体の機関車は全長18メートルあるそうですが、それほど長くは見えません。

図 5-1　全長約18メートルの機関車
"Three NECRs III" ©Mackensen (licensed underCC BY-SA 2.0)
https://commons.wikimedia.org/w/index.php?curid=31057009

以下も同じです。恐ろしく急勾配に見えますが、

図 5-2　江島大橋
"eshima oohashi 04" ©mstk east (licensed underCC BY 2.0)
https://commons.wikimedia.org/w/index.php?curid=37893337

横から見た橋はこの通りです。

図 5-3　横から見た江島大橋
"江島大橋" ©国道559号線 (licensed underCC BY-SA 3.0)
https://commons.wikimedia.org/wiki/File:%E6%B1%9F%E5%B3
%B6%E5%A4%A7%E6%A9%8B.JPG

## ❖見破るには画角に注意する

　この圧縮効果を使って撮影された写真を見破ることができるでしょうか。実は注意深く観察することで見破ることができます。このような写真を撮影する際に使われる望遠レンズの特性として画角（写している範囲・広さ）が狭くなるという特性があります。遠くのものを鮮明に写せる代わりに撮影できる範囲が狭くなります。またこの画角が狭ければ狭いほど、この圧縮効果が強く表れます。

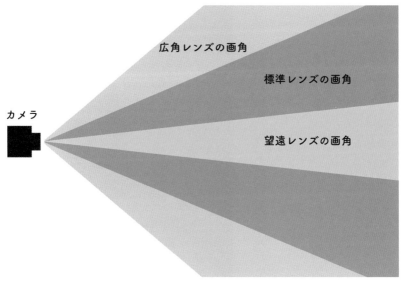

図5-4　レンズによる画角の違い

　つまり、レンズの圧縮効果を見破るためには、写真の背景がどこまで写されているかに注目します。特に写真下部と写真中央部の距離感が狭ければ、望遠レンズの圧縮効果が発揮されている可能性が高くなります。
　次の図は画角の違う風景写真です。手前から奥にしたがって広くなっていきますが、その差が歴然とあります。

横幅約100メートル

横幅約20メートル

図5-5　画角の狭い写真

横幅数百メートル

横幅約10メートル

図5-6　画角の広い写真

　ニュースなどでよく見かけるアーケードの人混みを写した写真は、アーケード内の狭い範囲（狭い画角）しか写していませんね。混雑しているように撮影するには絶好の場所だったということです。

# 都合のいい部分だけを切り取る

　事実を切り取れるのが写真の良いところですが、出来事の前後の関係や時間軸を切り取って印象を変えることができます。

### ❖ハゲワシと少女

　1993年、写真家のケビン・カーター氏がスーダンで撮影した衝撃的な写真があります。インターネット上で見つけることができますので「ハゲワシと少女」で検索してみてください。飢餓で肋の浮き出た少女をハゲワシが狙っているように見える写真です。

　この写真は当時大変な反響を呼び、1994年にピュリツァー賞[1]を受賞します。しかし同時に強い批判を受けることになりました。写真を撮る以前に少女を助けるべきではないか、と。ケビン・カーター氏は、以下のように弁明しましたが、その後の心労や不幸も重なり、ピュリツァー賞受賞の3ヶ月後に自殺しています。

- 親が食糧を手に入れようと子どもを地面に置いた一瞬の出来事
- 撮影後、ハゲワシを追い払った
- 少女はその後立ち上がった

[1] アメリカ合衆国における新聞、雑誌、オンライン上の報道、文学、作曲の功績に対して授与される賞。

この事実（と信じるならば）は写真に収められていませんので、十分に伝わらなかったとも捉えられます。出来事全体を伝えられたら、批判を回避できていたかもしれません。

❖蒙古襲来絵詞

　厳密には写真と異なるかもしれませんが、同じ性質のものなのでここで取り上げます。筆者が学生時代に教科書で見た蒙古襲来は以下の絵です。

図5-7　蒙古襲来
　　　　出典：筆者不明，「蒙古襲来絵詞」，1293年頃
　　　　https://commons.wikimedia.org/wiki/File:Takezaki_suenaga_
　　　　ekotoba_1-2.jpg

　教科書の内容は、元に攻め入られ大ピンチ、“てつはう”という火器まで使われた。奇跡的に台風がきて助かった。というように習っていました。実はこの絵のオリジナルは次のように続きます。

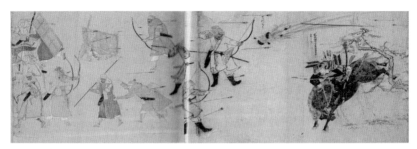

図 5-8　蒙古襲来（図 5-7 よりも左側の部分）

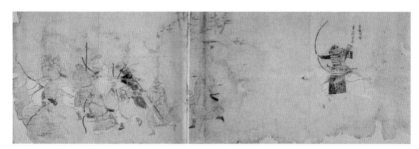

図 5-9　蒙古襲来（図 5-8 に続く部分）

図 5-10　蒙古襲来（図 5-9 に続く部分）

　実はこの絵は、「鎌倉軍に苦戦する元」を表した絵になります。史実では鎌倉軍の方が優勢であったことが、複数の資料からわかっています。なぜこのような意図を持って教科書が編纂されたのかわかりませんが、都合のいい部分だけを切り取った典型的な例です。

写真は強い印象を与えることができます。そのため、その印象に引きずられて判断してしまいがちです。ご紹介した例のように前後の出来事を知ることで印象が変わる場合もあります。もしプレゼンテーションにおいて、違和感を覚えるようなことがあったら、その写真だけを信じていいのか、前後の事実関係を確かめてみるのも1つの手です。

コラム

## Keynote

　KeynoteはAppleが開発しているmacOS、iOS用のプレゼンテーションソフトウェアです。Windowsで動かすことはできませんが、Macユーザーであれば無料で利用できます。テンプレートやフォントなどが洗練されており、美しくスライドを作成できるのが特徴です。

　Keynoteはプロジェクターなどでの投影に特化しており、印刷機能に対しては比較的弱いのでその点は注意が必要です。

図5-11　Keynote

# ダ マ す 話 術

本章では、プレゼンテーションで実際に使われる**話術**のテクニック解説と、詐欺師・宗教家・占い師・霊能者・手品師などが使用するコールドリーディングを説明します。

# 質問をかわす話術

プレゼンテーションを聞いた際に質問することがあると思います。そして、**質問をかわされる**ことがあります。質問を受けた際に話術でうまくかわすテクニックがあります。どのようにして質問をかわされるか解説します。

これはプレゼンテーションをする側としては、すぐ実践できるテクニ

ックです。筆者も使います。プレゼンテーションは、通常一方通行のコミュニケーションではありません。一方通行だと相手が理解してくれたかわかりませんので、質疑応答や、スピーカーからの問いかけ、もしくはコメントを求めたりします。プレゼンテーションをする側の立場では、都合の悪いところ、痛いところを突かれたりする時もあります。どんなに話がうまくても、いつかは**答えられない、もしくは答えにくい質問を受ける**ことになるわけです [1]。

ですが、次のテクニックを使えば、実はおおよその場面で質問をかわすことができます。

❖ 質問を回避する言葉

プレゼンテーションする側にとって、知らないことを取り繕って回答するのは、本当に大変です。ましてやそれが嘘だったらなおさらです。ですので、プレゼンテーションをする側は、**答えられないということを認めてしまう**という手法を使うことがあります。

都合が悪い質問だということを悟られないよう、ほとんど定型句として何パターンか用意されています。

- 仰る通りです
- 良い質問ですね
- そこについては未検討でした
- 良いアドバイスありがとうございます
- はい、今後の課題と認識しています

[1] 特に技術的に鋭い指摘のことを俗に「マサカリを投げる」と表現したりします。筆者はマサカリを恐れています。

- 今の質問の答えになるかわかりませんが、私が知っている範囲でお答えしますね
- なるほど、後ほど詳細を伺わせていただいてもよろしいでしょうか
- 勉強不足でした。今私は正確にお答えすることができませんが、後ほどフォローさせてください
- 現状はわかりませんが、大変重要なポイントであると理解しました

というような定型句を組み合わせて使われます。その上で、以下のように質問者へのフォローを行います。

- 後ほど回答いたしますね
- 持ち帰って後日回答させてください

「後日回答」や「個別に回答」に持ち込むことができれば、プレゼンテーションの縛りから離れて**あらゆる手段で相手の説得が可能**になります。

応用技として（もちろん状況によりますが）**聴衆へ投げる**という手段も使われます。

- 今の疑問点わかる方いらっしゃいます？
- これって、XXさんが詳しかったような……どうですか？

特に話すのが上手な人は**聞き手に不安を与えないように堂々と自信を持って**この質疑応答をします。そのため、質問がプレゼンテーションする側にとって都合の悪い質問（ダマしていることがバレる質問）だったかその場で判断できない時があります。

プレゼンテーションを聞く側としては、「後日回答」や「個別に回答」と対峙することになります。「個別に回答」については、言葉巧みに質問の趣旨をズラしてくる可能性がありますので、自分が確認したかったことは具体的に何だったか、最後までブレないよう意識しておきましょう。「後日回答」は、回答そのものが来ない可能性があります。必要に応じて催促しましょう。

❖ 質問回避を型化する

　プレゼンテーションをする側は、**質問を受けた際の定型句**を作っています。武道の型のように、特定の状況で素早く繰り出せるようになっておけば、緊張したり、不安になったりする要因を減らすことができるためです。

　ちなみに筆者は、以下の3つのセンテンスを型にしています。

　質問者「〜は、どうなっていますか？」

　回答者「①〜は、どうなっているかということですね
　　　　②仰る通りです。その部分は不明確で、今後の課題と認識
　　　　　しています
　　　　③後ほど回答いたしますね」

　これは次のような構成になっています。

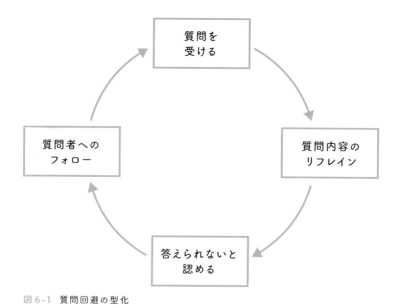

図 6-1　質問回避の型化

①相手の言葉を繰り返す（リフレイン [2]）
②答えられないと認める
③質問者へのフォロー

　この手法は善悪によらないので一般的に使われる手法ですが、相手に
悪意があると感じられる時はもう少し食い下がってもよいかもしれませ
ん。

[2] コミュニケーション技法の1つ。繰り返すことで「あなたの質問内容は受け止めました」
　　という印象を与えることができます。

# 承諾を取り付ける話術

　ダマす側は「**承諾**」してもらうことに心血を注いできます。承諾を取り付けることで社会的な責任を得て、強制力を生むためです。通常、人は承諾したことを守りたいと思いますし、そのように行動します。

　この方法は、1対1でプレゼンテーションする場面において特に効果的です。訪問販売やネットワークビジネスでもよく使われますので、テクニックを確認しておきましょう。

### ❖フット・イン・ザ・ドア

　**小さな承諾をしてもらい、徐々に大きな承諾をしてもらう**手法です。具体的な話の展開としては、次のように行われます。

①話だけ聞いていただけませんか。5分だけお時間ください
②困っていることを教えていただけませんか
③これを使えば解決できますが、1週間無料なので試してみませんか

　①から順にお願いが大きくなっていることがわかります。①から順番に話をされると「はい」と言いたくなる流れになります。いきなり③から話された時はきっと「いいえ」と言うでしょう。

　私が海外旅行した際は、よく次の流れで勧誘されました（すべて断ってますが……）。

①どこから来たの？
②日本行ったことあるよ。今日はこれからどこ行くの？
③いいね！　案内しようか？

　この話の流れでも承諾に対するハードルが徐々に上がっていくのがわかります。

　このフット・イン・ザ・ドアから身を守る方法ですが、いち早く「これはフット・イン・ザ・ドアだ」と気づくことが大切です。気づくことで相手の心のうちに隠された真の意図を意識できるようになります。あとはその真の意図が自分にとって利益になるか考えつつ（大抵は得する話ではありません）、早い段階で断ってしまうか、もしくは「話すのはいいですが、何も買いませんよ」と釘をさしておくと比較的楽に対処できます。

悪用するのはオススメしませんが、プレゼンテーションや日常生活でも使えます。私もよく「3分だけいいですか」と承諾してもらい最終的に10分くらいいただいています [3]。

## ❖ ドア・イン・ザ・フェイス

　とても受け入れ難い**大きな要求を提示したあと、断られたら小さな（本命の）要求を出す**手法です。意識すると日常生活のさまざまな場面で発見できます。

### 知人とのやり取りの例
- 1万円貸して
- じゃあ1,000円でいいから貸して

### 買い物の例
- 定価3万円です
- ですが！　今なら9,800円でさらにポイント2倍です！

　このドア・イン・ザ・フェイスから身を守る方法ですが、これもフット・イン・ザ・ドアと同様に、「これはドア・イン・ザ・フェイスだ」と気づけるかがポイントになります。気づくことで最初の過大な要求に影響されず、次の小さな要求だけに集中することができるようになります。ドア・イン・ザ・フェイスもフット・イン・ザ・ドアも、その手法を知っているだけで自身に降りかかるリスクを減らすことができます。

[3] これは当初3分で済む用事と思っており、悪気はなく不可抗力です。

筆者の実体験だと海外の露店で値切り交渉するとこのパターンになります。「いくらですか？」と聞くと相場の10倍を提示されて「高い！」と言うと値下げしてくれるのですが、それでも相場の5倍……侃々諤々<sub>かんかんがくがく</sub>に言い合ったあと、相場の2倍で決着したりします。

# コールドリーディング

　**コールドリーディング**とは心理的、言語的なトリックを使って、**相手の人生や心の中を読み取っているように思わせる**ダマしの話術のことです。詐欺師・宗教家・占い師・霊能者・手品師などが使用する手法として有名です。

　コールドリーディングとは、どういうものか、どういった手口でダマ

しているのか説明します。なお、実際のプレゼンテーションの現場でコールドリーディングが使われる場面は稀ですので、プレゼンテーションの本筋から少し離れますが、今後私達がダマされないために解説します。

### ❖2つの認知バイアス

コールドリーディングは、主に以下2つの認知バイアスを利用しています。

#### バーナム効果
誰にでも該当する曖昧な内容であっても、自分や自分の属する集団だけに当てはまると思い込んでしまう傾向。

#### 確証バイアス
仮説や信念を検証する際に、自分に都合の良い情報ばかりを集め、都合の悪い情報は無視または集めようとしない傾向。

### ❖話術

この2つの認知バイアスを利用し以下のような話し方をします。「**あれ、これ自分にも当てはまるな……**」という気になります。

#### 曖昧で一般的なことを断定する
- あなたは悩んでいますね
- あなたは向上心がありますね
- あなたは苦労していますね
- あなたは疲れていますね

「当たってる…」という気持ちにもなりますが、よくよく考えると誰でも悩みの1つや2つはありますし、向上心ゼロの人はいないでしょう。苦労もたくさんしてきているでしょうし、疲れたこともあるはずです。誰でもそうですね。

## 両面性の指摘

- 今の輝かしいポジションは、陰での努力の上で成り立っているんですね
- 明るく振る舞っているのは、辛いことがあるからですね

これも人間の特性をよく押さえていますね。このように言われた場合、自分の過去の経験に照らして当てはまっているものを探す、または思い出していないでしょうか。そしてなぜか「当たってる……」と感じてしまいます。

## おだてる

- 褒められた内容を信じたくなる
- 褒める人を信じたくなる

何気ない雑談でもコールドリーディングには重要です。おだてられると、その内容やその人を信じたい気持ちが生まれます。

## 発言が外れてもうろたえない

- あなたには、あなた自身も知らない側面がある
- あなた自身が忘れているかも知れませんが、過去にそういう経験があるはずです

■私にはそう見えているのです

　コールドリーディングは確証バイアスを利用しているので、当たった内容が強く印象に残ります。発言した内容が事実と異なっていても、外れたという印象を与えないことが重要のようです。外れてしまった場合でも、うろたえずにこのような定型句でごまかすことができます。

　これらのテクニックを使ってコミュニケーションを取りながら、対象者の情報を集めていきます。「あ、当たってます」という直接的な応答以外にも、雑談内容やしぐさ、口調、表情、年齢や服装に至るまですべての情報がコールドリーディングを行う人にとって相手を知ることのヒントになります。

　最終的に「不思議な能力を持つ人だ」と信じさせてしまえば、あとはコールドリーディングする側の目的に応じて、高価な壺やアクセサリー、お守りなんかを売りつけたりするわけです。

　**ホットリーディング**という手法もあります。こちらはもっと直接的で**対象者の情報を事前に集めておきます**。現代だとSNSからでも比較的多くの情報を集められます [4]。より具体的に「あ、当たってる」を演出できます。

　この手法から身を守る一番の方法は「非論理的な何らかの力によって相手の内心を言い当てたり、予知できたりすることは絶対にない」とい

---

[4] OSINT（Open Source INTelligence）と呼ばれる、一般に公開された利用可能な情報を突き合わせて機密情報などを収集する手法があります。

う強い信念を持つことです。しかし、信じたくなる時もあるかと思います。筆者もおみくじを引いて結果に一喜一憂したりします。人間は大昔から儀式や占いをしてきましたし、この手段に脆弱にできているような気がします。

　そんな中でダマされるリスクを下げる方法ですが、このような一見不思議な体験をしたら家族や友人や周りの人に相談してみましょう。「こんな不思議なことがあった」という雑談でもよいです。相談相手はコールドリーディングで利用される認知バイアスに影響されていませんから、客観的に物事を判断できます。自分がダマされているか気づくきっかけになるはずです。

　この手法は古くから使われています。いまだに犯罪などに利用されていますので、不思議な体験をしたらコールドリーディングという手法があることを思い出してください。

# ソーシャルエンジニアリング

　「ダマす話術」に関連して**ソーシャルエンジニアリング**についてご紹介します。ソーシャルエンジニアリングとは、**人間の心理的な隙や、行動のミスにつけ込んで個人が持つ秘密情報を入手する**手法のことです。

　ハッカーの文脈でよく語られる技術ですが、ソーシャルエンジニアリング自体はコンピュータ技術と関連しません。近年、インターネットを利用した犯罪が目立ってきました。そのため、現在はほとんどのコンピュータシステムは悪意のある攻撃に対して対策を講じています。そうした現在において、コンピュータシステムでもっとも脆弱な箇所は、**人間が関わっているところ**になります。ソーシャルエンジニアリングは、人間の心理や行動の隙を突いて、個人が持つ秘密情報を入手する方法です。コンピュータシステムの最大の脆弱性は人間が操作する部分で、これは

コンピュータの黎明期から変わっていません。

　ソーシャルエンジニアリングの攻撃手法としては以下のようなものがあります。いわゆるスパイ映画で行われるような手口ですね。

表6-1　ソーシャルエンジニアリングの手法

| 攻撃手法 | 説明 |
| --- | --- |
| トラッシング | ゴミとして廃棄されたものの中から、目的の情報を取得する |
| 構内侵入 | 実際に建物内に侵入し、情報収集を行う |
| ショルダーハッキング<br>（のぞき見） | 相手のキーボード入力や、机上の資料を盗み見る |
| なりすまし | 他人になりすまして、情報を引きだしたり、変更させたりする |
| SNS | SNSを利用して対象の情報を収集する |
| リバース・ソーシャル・<br>エンジニアリング | 偽の緊急連絡先などを通知し、相手から連絡してくるのを待つ |
| Web Spoofing<br>（フィッシングサイト） | 偽のサイトに誘導して情報を得る |

　話術以外にもいろいろありますが本書の主題から離れるため、ここでは「**なりすまし**」を取り上げます。

❖ **なりすまし**

　実は振り込め詐欺（オレオレ詐欺）や、架空請求などもソーシャルエンジニアリングを利用した手口です。さまざまな役割になりすますことで、必要な情報を入手します。冷静に判断する状況を与えないよう**緊急性を要する状況を演出する**のがコツのようです。相手の冷静な判断力を奪って目的の行動に導くのは、詐欺の典型的な手法でもあります。

例えば、以下のような手口です。

表6-2　なりすましにおける会話例

| なりすましの例 | 会話 |
| --- | --- |
| 会社役員 | 緊急で、かつ極秘の案件を至急対応して欲しいんだが…… |
| 新入社員 | 本日入社して何もわからなくて、こちらに電話するよう言われたのですが…… |
| システム管理者 | あなたの処理で重大なエラーになっています。パスワードを教えてもらえますか |
| 同僚 | ごめん、XXXXのパスワードって何だっけ？ |
| 顧客 | システムトラブルで業務ができません。至急XXXXの情報を送ってもらえますか |
| 警察 | あなたが犯罪に巻き込まれた可能性がありますので、XXXXの確認をさせてください |
| 息子 | 俺だけど、実はトラブルに巻き込まれて困ってるんだ…… |

　ソーシャルエンジニアリングに関しては、伝説のハッカー、ケビン・ミトニック（Kevin David Mitnick）氏の逸話が有名です。ソーシャルエンジニアリングとハッキングを駆使して、捜査当局を煙に巻いて捜索から逃れ続けました。いくつか有名な書籍がありますので、興味がある人は手に取ってみてください。

■『欺術―史上最強のハッカーが明かす禁断の技法』
（ケビン・ミトニック／ウィリアム・サイモン 著、岩谷 宏 訳、ソフトバンククリエイティブ、2003年）
■『ハッカーズ その侵入の手口 奴らは常識の斜め上を行く』
（ケビン・ミトニック／ウィリアム・サイモン 著、峯村利哉 訳、イ

ンプレスジャパン、2006年）

■『ソーシャル・エンジニアリング』

（クリストファー・ハドナジー 著、成田光彰 訳、日経BP、2012年）

## Google スライド

　Google スライドは、Google が提供するプレゼンテーションのオンラインサービスになります。ソフトウェアをインストールする必要はなく、ブラウザ上での操作となります。また、他のユーザーと共同でリアルタイムに作成や編集ができます。相談しながら複数人で手分けして同時にスライドを編集するようなことも可能です。PowerPoint と比較すると機能がやや限定的ですが、業務用途でも使用に耐える十分な機能を備えています。

図6-2 Google スライド

# ダマすストーリー

物語に起承転結 [1] が使われるように、プレゼンテーションも**ストーリー**を考える必要があります。本章ではその紡いだストーリーの中でダマす要素やテクニックを紹介します。いくつかのテクニックを組み合わせて、プレゼンテーションする側の目的がどのように達成されるか解説します。

# 特定の事実に注目させない

　スピーカーが話すプレゼンテーションのストーリーに集中した結果、**本来確認すべきことに注意が向かなくなる**ことがあります。どのような話の流れで、このようなことが起こるか解説します。

　ダマすプレゼンテーションの構成において、もっとも王道のテクニックは以下です。

- 都合の良い情報に注目させる
- 都合の悪い情報からは注意をそらす

---

[1] 比較的短い時間で行われるプレゼンテーションでは、起承転結の構成はあまり用いられません。

| 都合の良い情報 | 都合の悪い情報 |
|:---:|:---:|
| 売上増加 | 営業利益減少 |

図7-1　都合の良い情報・悪い情報の例

　これ自体に善悪はなく、プレゼンテーションのしくみ上必ずこうなります。なぜならプレゼンテーションは、

- 限られた時間で
- 聞き手にわかりやすく
- スピーカーが伝えたいことを伝える

というものだからです。プレゼンテーションする側は、話したくないことは積極的に話しませんし、求められていること以外を話す必要がありません。何かをする上でこの性質がそぐわない場合は、そもそもプレゼンテーションではなく別の手段を用いるべきです。

では上述の都合の良い情報だけに注目させる、もしくは都合の悪い情報から注意をそらすには、どのような手法があるでしょうか。実は意外にも（？）普通です。ビジネスにおいてのプレゼンテーションは、大抵以下のようなパターンに集約されます。

**課題を解決するパターン**
①現状の分析
②分析から見えた原因と課題
③課題の解決策
④具体的な効果・メリット
⑤長期的な展望・計画

**To beへ向かうパターン**
①あるべき姿（To be）の提示
②現状（As is）の分析
③現状とのギャップ
④ギャップの解決策
⑤具体的な効果・メリット
⑥長期的な展望・計画

　状況によって省かれたり、付け足されたりする要素もありますが、このようなストーリーのプレゼンテーションを聞いた経験、または話した経験はないでしょうか。先人の考えた典型的なパターンがすでに、この手段のために最適化されています。これらのパターンが優れているのは、**課題解決に注意が向く**ことです。そこから外れたことは、あまり注目されません。例えば次のように話題が制御されます。

**施策の効果に注目させて、それが必要とするコストに注目させない**

　この手法により、総論でOKをもらいつつ、各論の単位でコストを認めさせるなどプレゼンテーションの戦略が立てられます。

**提示した課題に注目させて、他の課題に注目させない**

　効果は高いが死ぬほど大変な課題があったとして、それをあえて選択しないということもできます。最初からそれを提示しなければ注目されません。

　このようなストーリーのパターンに加えて、次のようなテクニックも使われます。

### ❖ あえて突っ込みどころを作る

　プレゼンテーションに時間制限があって、かつこの1回を乗り切ればいい……そんな時によく使われる手段です。またはコミュニティにおいて、議論を活性化するための布石として使われることもあります。

#### ➡ ビジネスシーンにおける突っ込みどころの作成

　ビジネスのプレゼンテーションでは、質疑応答の時間を設けられることが多いです。そんな時、特定の質問をしたくなるよう、あえて**曖昧な表現、誤解を招きそうな表現、情報の省略**などがプレゼンテーションに用いられていることがあります。想定問答に誘導できるよう資料を作成しておくのです。もちろん明確な回答は事前に用意されています。そして質疑応答の際は、想定問答ですべて時間を使い切るという作戦です。

　この手法の優れている点は、突っ込まれたら困るところに触れさせずやりすごせるという点にあります。これを見破るのは困難なのですが、

質問する側は複数の質問したいことがあれば、それに優先度をつけて、一番聞きたいことから確認しましょう。どうしても確認したいことがあれば、プレゼンテーション終了後に個別に確認することもできます。

　このような逸話があります。チラシを作っているデザイナーのデザインに、毎回クレームを入れる顧客がいたそうです。「ここの文字を大きくしろ」「ここの絵はもっと端に……」など、理にかなった意見であればいいのですが、どうやらその場の思いつきのようでした。困ったデザイナーは試作したチラシを写真に撮って顧客に渡す際に、あえて自分の腕の一部を写し込んで顧客に渡しました。顧客からは「これでいいけど、腕は消しておくように」という返答をもらったそうです。あえて「指摘しやすい点」を作ることで、思いつきのクレームを減らした事例です。

### ➡ 勉強会などのコミュニティにおける突っ込みどころの作成

　聴衆の反応を期待したのに、静まり返っている……。プレゼンテーションは完璧だったはず。これでよかったのだろうか……という経験をしたことがある方も多いのではないでしょうか。1人目のプレゼンターの時などは特に、聴衆も議論に参加するという心の準備ができておらず沈黙が続いたりします。そんな時は、あえてプレゼンテーションに**嘘や突飛な内容を混ぜておく**と「それは違う」「私はこういう解釈をしている」「こういうアイデアもある」と議論を活性化する布石になります。

### ❖ 原因を単純化して伝える

　複数の原因が組み合わさって起こっている複雑な事象を説明しなければいけない機会があるとします。ただそれをそのまま説明するとうまく伝わらない……という経験はないでしょうか。限られた短い時間で、背

景を知らずに大量の情報をぶつけてしまうと大抵の人は判断できなくなります。

　複雑な事象はシンプルに伝えないと伝わりません。コツは**「原因は・課題はこれです」と言い切ってしまう**ことです。特に嘘をつく必要はなく「関連して××と××の課題がありますが、今はこれに集中しましょう」と伝えて、1つの課題に注意を向けることができます。論理的にやや強引になる場合がありますが、そこも認めて話してしまえばそのまま伝えるより参加者の理解が早くなります。

　例えば、気候変動の原因を説明する時に複数の要因が考えられます。太陽活動、火山活動、海流の影響、温室効果ガス……。これらが相互に影響し合っていて、どれが主要な原因か判別がつきません。

　ですが、大衆に行動してもらうことを期待する時は「気候変動の原因＝温室効果ガス」のように言い切り、原因を単純化することで、温室効果ガスの課題に注意を向けることができるようになります。

　プレゼンテーションを受ける側としては、主旨に賛同できるなら聞き流してもいいのですが、納得できない場合は「他に〜と〜が関係していると思うのですが、どうお考えでしょうか？」や「他に考えられる原因はありませんか？」といった質問をすることで議論を深めることができます[2]。

[2] 紛糾して収集がつかなくなることもありますが……。

## ❖例外を過大視して伝える

例えば以下のような事例は、例外を過大視した結果といえます。

- 一部のユーザーの強い要望で機能追加をしたが、全体として評価が下がってしまった
- 資格がなくても優秀な人がいるから、資格を取る必要はない
- xx を食べて痩せた人がいるから、私もたくさん食べよう

例外は例外のはずです。全体からすると僅かな割合の事象に対応した結果、大部分に影響を与えてしまう場合も考えられます。こういった例外に引っ張られないようにするために、**数値で比べられるものは数値で比較すれば一目瞭然**です。また例外がある事実とそれに対応しない場合のリスクを伝えて、議論を誘導することもできます。この例外は特にネガティブな話題だとバイアスが働いて効果が強くなります。

# 盲目的に信用させる

**相手の思考を停止させる**ことができれば、目的を達成しやすくなります。つまりプレゼンテーションを見る・聞く側の認知バイアスを利用することで、特定の部分に疑問を持つことを止めたり、信じてくれたりするわけです。もしかしたら、明確な根拠がないことについてでも、です。

これはプレゼンテーションを受ける側が、次のように感じる要素を盛り込むことで実現できます。

- あのシンクタンクが言っているのだから間違いないだろう（ハロー効果）
- 部長の承認が出ている部分はチェックしなくてよいだろう（ハロー効果）
- みんながこれでいいと言っているから大丈夫だろう（同調圧力・同調バイアス）
- 何だか言っている内容がよくわからないけれど、すごそうだからこれでいこう（ハロー効果）
- この考えは以前の話と矛盾しているようだが、それは私の思慮が足りないからそう思うのだろう（ハロー効果）

　プレゼンテーションを受ける側としては、内容が事実に基づき、論理的に説明できているか注意が必要な箇所です。

# 不安をあおる

　主にリテラシーにばらつきのある大衆向けに使われます。そのため、企業組織や中規模以下のコミュニティでは、あまり使われる機会がないテクニックです。例えば、以下のような決め台詞で不安をあおります。

- 先着100名様限定です
- みんなxxを買っている。買っていないのはあなただけ
- もしもしオレだけど、実はトラブルでお金が……
- 未払い料金があります。今日中に払わなければ裁判になります
- あなたが最近不幸なのは水子の霊が原因ですね

こういったダマし文句は枚挙にいとまがありません。**不安が高まると、その解決手段に対してのみ注意が向く**ようになります。権威などを利用（ハロー効果）すれば、さらに効果を高めることができます。

　身近な例を挙げると健康不安をあおる広告をよく見ます。ですが、これらはすべて断定的な表現を避けます。薬事法に抵触するためです。ギリギリ「Aさんの体験：ガンが治りました」のような表現を用いています。決して「××を使ったらガンが治った」という因果関係には触れません。ダイエットの広告も同様で、「痩せる」と明言すると薬事法に抵触するため「痩せたい！」という希望の表現と「これは1kgの脂肪です」という情報を並べて、因果関係があるかのようなミスリードを誘っている広告を見たことがあります。ちなみに医師かどうかはっきりしない人が白衣を着て写っていました（ハロー効果を狙ったものでしょう）。

　ちなみに筆者には次のような迷惑メールが頻繁に届きます。これは不

正にクレジットカードの情報などを得るため、偽サイトに誘導している
ものです。読み手の不安をあおり慌てさせることで、偽物か確認させな
いように意図されたメールです。

図7-2 不安をあおる迷惑メールの例

　プレゼンテーションの場面では、次のように確認ができます。

- それが事実かエビデンス（証拠／根拠）を示して欲しい
- 想定される損失はどのくらいか
- 他にリスクはないか、議論の全体像を確認したい

　具体的な回答が得られれば、事実に基づいて冷静に判断できます。上手な方は、明確に不安の根拠を話せるストーリーを構築し、より強く不安に対する解決手段に注意を向けさせてくる可能性があります。人は不安に対して敏感にできています。不安な感情に影響を受けないよう、認知バイアスがあることを意識して冷静に対応しましょう。

コラム

## DHMOは危険？

　悪者を意図的に作り出すことで、不安をあおるといったケースもあります。特定の事実に注目させず、かつ不安をあおることができればどんなものでも悪者にできます。次の逸話は「DHMO」という、あるものを悪者に仕立て上げた例です。DHMOが何を指しているか考えながら読んでみてください。

　1997年アメリカで当時14歳の学生が「人間はいかにダマされやすいか？」という調査を行いました。調査の内容は「DHMOは規制すべきか？」という趣旨で行われ、DHMOの情報が提示 [3] されました。

[3] Is Dihydrogen Monoxide Dangerous?
　https://www.snopes.com/fact-check/dangers-dihydrogen-monoxide/

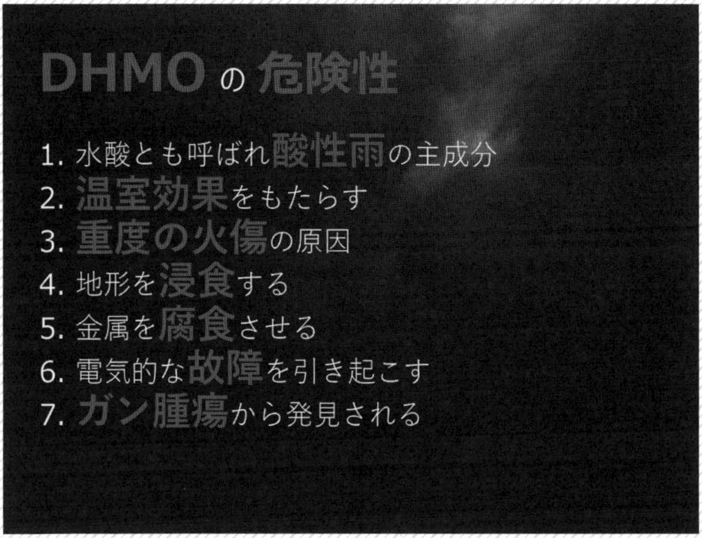

**DHMO の危険性**

1. 水酸とも呼ばれ酸性雨の主成分
2. 温室効果をもたらす
3. 重度の火傷の原因
4. 地形を浸食する
5. 金属を腐食させる
6. 電気的な故障を引き起こす
7. ガン腫瘍から発見される

図 7-3　DHMO の危険性

## DHMO の特徴

- 水酸とも呼ばれ、酸性雨の主成分です
- 温室効果をもたらします
- 重度の火傷の原因となる可能性があります
- 地形を浸食しています
- 多くの金属を腐食させ、錆びさせます
- 電気的な故障を引き起こし、自動車のブレーキの有効性を低下させる可能性があります
- 末期ガン患者の切除された腫瘍で発見されています

危険にもかかわらず、DHMO はよく使用されています。

- 工業用溶剤や冷媒として用いられます
- 原子力発電所で多く使用されます
- 発泡スチロールの生産で使用されます
- 難燃剤として使用されます
- 多くの残酷な動物研究で使用されます
- 殺虫剤の散布に使用されます。洗浄後でも農産物には残留したままです
- 特定の「ジャンクフード」やその他の食品の添加物として使用されます

　その後、50人にアンケートをとりました。「この物質は法で規制すべきか」という問いに対して、43人が賛成、6人が回答を留保、DHMOの正体を見破ったのは1人だけでした。

　DHMOの正体は水です。Dihydrogen monoxide（一酸化二水素：H2O）の略称として、DHMOと表現していたのです。提示する情報を限定し、感情的な表現を加えると水でさえも悪者にできてしまいます。この逸話は世界中に広がり、調べるとこれを基にしたジョークサイトをたくさん見つけることができます。

# ダブルバインド効果（Double bind effect）の利用

「犬派ですか？　猫派ですか？」と聞かれると、鳥が好きだったとしてもどちらかで答えた方がいいような気がしてきます。ダブルバインド効果とは、この心理学的な効果をマーケティングに応用したものです。

前述の不安をあおる方法とセットで使われることがあります。同じく大衆向けの方法です。**選択して欲しくない選択肢をあらかじめ除いて相手に提示します。**

Ａプランにしますか？　Ｂプランにしますか？
（プランを選択するのは前提となっている）

聞く側に一定のリテラシーがあれば、他の選択肢がないか確認できま

す。おかしいなと思った時は「他に選択肢はありませんか？」と確認し
てみましょう。

# 現状維持バイアス
# （Status quo bias）の利用

　何か問題が出ない限り、**現状維持を望む**傾向のことを現状維持バイア
スと呼びます。何かを変えようとする時、必ずこのバイアスが障害にな
ります。

　自分ごととして捉えると、やはり抵抗があります。明日いきなり転勤
を命じられたら、何とか現状維持できないか考えてしまいます。

　この現状維持バイアスを利用して、聞き手の選択を誘導できます。

## ❖現状維持に選択を誘導したい時

　**現状から変えた時のコストやリスクを強調する**だけで、聞き手の選択
を誘導できます。損失回避のバイアスとの相乗効果も期待できます。そ
れだけ人間は損失に対して敏感にできています。

## ❖現状を変える選択に誘導したい時

　これを成功させるのはとても大変なケースが多く、プレゼンテーショ
ンする側の立場では、変える対象が大きければ大きいほど苦労します。
この場合必ず抵抗勢力が存在し、プレゼンテーションする側の目的を潰
そうとしてきます。目的達成のためには、プレゼンテーションを利用し
つつ、プレゼンテーション以外の方法でも対応していくことになります。

## ①あるべき姿（To be）を先に全体で合意する

　最初に行うべきは「いろいろ課題はあるけれど、本来はこうあるべきだよね」というゴールを全員で合意してしまうことです。「ウチは、こういう事情で今は無理だけどね」という人もいるでしょうが、ひとまず置いておきます。

## ②現状維持（変えなかった時）のリスクを提示する

　現状維持した時のデメリットは語られないことが多いです。「変えなかった場合、数年後こういう状態になる」というリスクを共有しておくと、変化を受け入れる際のハードルが下がります。

　感情が判断の基準にならないよう、できるだけ客観的な数値で比較できるのが望ましいです。

## ③不満を洗い出して整理する

　「できない理由」や「やりたくない理由」は際限なく生み出すことができます。それを1つずつ対応していくのは不可能です。できるだけ多くの人からこの理由を聞いて整理し、優先度を決めましょう。優先度の高い課題が解決されれば、現状から変えてもOKという人を増やせます。

## ④反対している人と個別に会話する

　頑なに反対する人たちに対応する必要があります。反対する人たちの中には、その人たちなりの反対する理由や原因が存在します。個別に会話することで、その原因について解決できるか、または落としどころを合意する余地が生まれます。話してみると、案外簡単に解決できるようなところで引っかかっていただけだったりします。複数人で会話すると、原因を整理できなくなりがちですので、少数で話す方が有効です。

⑤トップダウンの対応に切り替える

　最後まで反対勢力が残った場合の最終手段です。強制力をもって行われるこの方法は強力ですが、これを行うにはトップの理解が必要になります。また反対派との不和が残ったままになりますので、できれば避けたい手段です。どうしようもない時も多いですけどね……。


# ダマす側の心理


　プレゼンテーションする側は、なぜ相手をダマすのでしょうか。ダマす側の心理を考えてみます。

　相手をダマすことは得でしょうか。結論からお伝えすると、**短期的には利益になり得ますが長期的には必ず損をする**はずです。なぜなら（普通に社会生活を営む上では）信用・信頼がもっとも重要な財産だからです。そのため短期的な関係でしかなく、かつ、この1回をダマしてしまえば得をする……という状況において使われることになります。悪意を持っていれば、これまでに記載した「ダマす数値」「ダマすグラフ」「ダマす写真」といったダマすテクニックが躊躇なく使われることでしょう。

　プレゼンテーションを受ける側が一番注意しなければいけないのは、まず「短期的な関係」と相手が思っているかどうか、次に「この1回だけで終わる話」かどうか、という点になります。そのような場面に出会ったら、本書の内容を今一度思い起こしていただけたら幸いです。

　逆に私達がプレゼンテーションする立場であれば、**信用を毀損するダ**

マすような行為をするのは厳に謹んだ方がよいのは言うまでもありません。本書を利用するにあたっては、冒頭に記載した「本書の技術を使う指針」を改めて確認いただき、うまく利用してくだされば筆者としても嬉しい限りです。

---

## Marp

　Marpは筆者が業務以外で好んで使うツールです。Markdown形式で書いたものがそのままスライドになります。これが大変便利で以下のようなメリットがあります。

- Markdown形式でアウトラインを書くと、それだけでスライドが完成する
- Markdown形式のため、スマートフォンを使って手軽に編集できる（通勤中の電車などでも）
- 文字サイズが比較的大きく、かつ設定を変更できないため、長い文章表現にしてしまうのを防ぐ（自然に文章を短く端的に修正する必要が出てくる）
- 用意されたテーマも比較的シンプルで美しい

　Markdownの書式で表現できないことは、Marpにおいても表現できないというのが制限といえば制限なのですが、筆者はその制限が逆に気に入っています。スライドデザインの細部に凝って時間を浪費するのを防ぐことができるからです。

プレビューを見ながら編集する方法としていくつか用意されていますが、筆者はVisual Studio Code [4] に拡張機能（プラグイン）を導入する方法で行っています。作成したものはPDFまたはHTMLで出力できます。

図7-4　Visual Studio Codeで編集

　ちなみに本書は、このVisual Studio Codeを使ってMarkdown形式で執筆しています。

[4] Microsoftが開発したプログラミング用のエディタ。

# ダマされないためには

ここまでダマす手法について解説してきました。それではプレゼンテーションを受ける側として、ダマされないようにするためにはどうするか、という視点で整理してみます。

# 怪しいサインを見つける

　プレゼンテーションを受けている時、「あれ？」と思うことはないでしょうか。おそらくスピーカーが仕掛けた意図的な表現に違和感があったのです。ここでは、その**違和感の発端となるサイン**を取り上げてみます。

### ❖3Dグラフは確信犯
　**3Dグラフ**は前述した通り、真っ先に疑って然るべきでしょう。スピ

ーカーも3Dグラフの効果を理解して意図的に使っている可能性が高いと見るべきです。図8-1で手前の33%と右側の33%はとても同じ割合を表しているようには見えません。

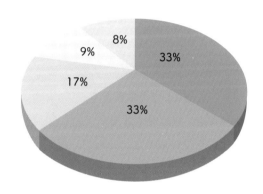

図8-1　よく見かける3Dグラフ

　筆者はこういった3Dグラフを見た瞬間に、プレゼンテーションとスピーカーへの信頼度が一気に下がります。この信頼度の低下はグラフの部分に限らず、資料全体とスピーカー本人の信頼にまで影響します。すべてを疑わないといけないと思う程度のリスクを感じます。

　もし、そのような可能性がないなら（そんなことありますかね……）、グラフの見た目に惑わされず数値のみに着目しましょう。

❖聞き慣れない専門用語が頻出する

　聴衆が理解できないような**専門用語を多く使って煙に巻く**パターンがあります。よくよく考えるとプレゼンテーションとは相手に理解してもらうのが目的のはずです。これは何かを理解させたくない（その場の雰囲気だけで押し切る）ことを意図している可能性があります。このような場合スピーカーは「知ってて当たり前ですよね」「なんで知らないんで

すか？」という雰囲気で話してきますが、必要に応じてすべてに説明を求めるか（だって、内容が理解できないのですから）、スピーカーの言い分を信じない方がよいでしょう。筆者は知らない用語が出てくると前後の文脈などから言葉の意味を類推したりしてしまい、そこに注意が向いた結果、話についていけなくなります（それがスピーカーの狙いなのでしょう）。

前述しましたが[1]、人間には2つの思考モードがあります。話が難しくなると自ずとシステム2（熟慮をするモード）に移行します。しかし、同時にたくさんの情報を受け取れないためプレゼンテーションのスピード感においてはすぐにパンクしてしまいます。つまりこの手法は逆に「**考えさせない」という効果を狙っている**と考えられます。

「何だかよくわからないけどよさそうだ」というバイアスに影響されないように注意が必要です。さらに経験上このパターンは、誤った解釈で専門用語が使われることもあり、余計に混乱します。学術的な専門用語と見せかけた造語が使われることもあります。

この手法はプレゼンテーションだけに限りません。会社の事業内容の紹介などで、やたらとカタカナ言葉を使うようなところもちょっと気になります。例えば以下のような文です。

当社のコアコンピタンスとシナジーを活かした新商品のローンチをコミットします。

[1] 第2章　2つの思考モード 参照。

144

「何だかよくわからないけどよさそうだ」と思わせたいのかな？　と勘ぐってしまいます。筆者はこういう時、その専門用語は実は自分だけ知らなかったというパターンが怖いので「勉強不足で申し訳ありませんが、この言葉の意味がわからなくて……」という聞き方をすることが多いです。

### ❖「正しく」「適切に」「最適な」

筆者は、もし仕事上の書類でこのような表現があったら、具体的な表現に修正するよう働きかけます。プレゼンテーションにおいても同様に確認する必要があります。何が「正しい」のか、何が「適切」なのか、どうなることが「最適」なのかが不明瞭だとプレゼンテーションする側とプレゼンテーションを聞く側の認識に齟齬が生まれるためです。

言葉自体の意味合いに悪意はありませんので、無意識に使っている方もいます。詳細を確認すると発表者本人も考えていなかったことが露呈する場合もあります。筆者自身も文章を作成する際には注意して使っている言葉です。

### ❖「たぶん」「いちおう」

これは使う人が多いので、スピーカーとしても気をつけた方がいい言葉です。プレゼンテーション中にこの言葉が出ると、内容の正確さが揺らぐため聞く側は不安になります。どちらかというと、ダマす意思はなく、内容に自信がなさそうだなという時にこの言葉が出ているようです。スピーカーの自信の表れと捉えて、スライドなどの資料の品質には多少、気をつけた方がよいでしょう。

## ❖ 謎の教授の弁

プレゼンテーションでの主張の論拠として、謎の教授[2]の発言や論文、謎の調査機関のデータなどが用いられるケースです。ハロー効果の影響も受けますし、「もしかして自分だけ知らないのかな」という疑心暗鬼も生まれがちなので、ぱっと見で判断できないところが少々やっかいです。その場で判断できなくてもあとで信頼に足るかどうか、謎の教授や調査機関の実績や経歴などを確認しましょう。

## ❖ 経験の有無の差を突かれる

自分が**新しい組織に所属して間もない時に起きがち**なことです。以下のような言葉で、論理的思考を中断してしまう（させる）パターンです。

- 今までずっとこうやってきました
- 慣例に沿ってやっています
- 過去の経緯がこうだから
- お偉いさんが言ったから
- 上から言われています
- 以前はそのように指示されていました

プレゼンテーションする側の現状維持バイアスが働いて、ほとんど無意識にこう話しているケースもあります。なぜそうなのかをもう少し突っ込んで聞くと、プレゼンテーションする側は論理的な回答ができないことがあります。ルールのようなものだけが残って、実は経緯を誰も知らないということも。組織運営の根深いところにぶつかってしまうこと

---

[2] 特定の権力者の意図に沿って、都合のいいことを唱える学者もいるようです。

もあります。

## ✼言い方

　これは是非ご自身の経験で語彙を増やしていって欲しいです。日本語は同じ意味を指す言葉でも多用な表現が可能です。そのため**言い方自体で、やわらかく表現できたりします**。これ自体、悪いことではないですが、言葉のイメージだけに惑わされないように注意が必要です。言葉はやわらかくても事実は変わりません。

表8-1　やわらかい表現の例

| 意味 | やわらかい表現の例 |
| --- | --- |
| 障害 | 不具合、想定外の動作、不適切な処理 |
| 解任、左遷 | 人事異動 |
| 叱責されたこと | ご指摘、アドバイス |
| できていないこと | 今後の課題 |
| 遠回しに拒否する | 今後検討します、技術的には可能ですが…… |

> 筆者が印象に残っているのは、システム開発において実現が難しい要件の断り方です。何度か経験がありますが、ストレートに断ると話がうまくまとまらないことが多いです。これは時間や労力といったコストを無視すると大抵のことは実現できてしまうというシステム開発の特性が話をわかりにくくしているためです。こんな時は「技術的には可能ですが……」と始めてから「これを実現するとなると今のシステムを作り直して……」と続けて「なので、やるとするとこれくらい……」と、相手に対応するためのコスト感を共有してもらう必要があります。けっこう難しい交渉です。

　余談ですが、エンジニアが使いがちな便利な言葉に"なるほど"があります。相手の言い分を理解している、話を聞いているという意思表示ができますし、反論が必要な場面でも相手の話は理解した上で意見します

よというニュアンスを与えられるので便利な言葉です。

表8-2　相槌として便利な「なるほど」

| 状況 | 意味 |
|------|------|
| 理解した時 | なるほど！ |
| 疑問に感じた時 | なるほど？ |
| 興味がない時 | なるほどー |

## ❖ 抽象的な比較

　本来は数値で表現できる [3] ところを〇×△などで**抽象的に表現している**ケースです。数値で表せないものは定性的な評価 [4]、例えば「チームワーク」「マネジメント」「会議でのファシリテーション」などは数値で表現するのが難しく抽象的表現になります。一方で「販売数」「売上」「アンケート結果」などは数値で表現することが可能なはずです。それをあえて抽象的な表現にするということは、裏に知られたくない数値があると考えた方がよいでしょう。

[3] 定量評価と呼ばれます。数値を基にした評価のことです。
[4] 定性評価と呼ばれます。数字では表すことのできないものに対する評価のことです。

表 8-3　抽象的な比較の例

| 期間 | 販売状況 |
|---|---|
| 2020/1Q | ☀ |
| 2020/2Q | ⛅ |
| 2020/3Q | ☁ |
| 2020/4Q | ☂ |

## ❖ 比較できるのにしていない

「今年度の売上は前年比で110%です」と聞くと「おおすごい」となりそうです。しかし実は店舗数が前年度より増えていたとすれば、評価は変わってくるでしょう。一昨年と比較したら88%だった場合も印象が変わってきます。

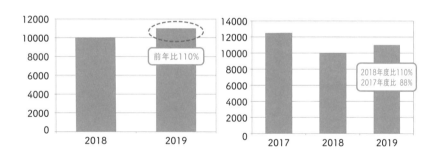

図 8-2　前年比110%の売上

この方法はコントラスト効果を狙ったものです。気づきやすいパターンと気づきにくいパターンがあり、その物事に対してどれだけリテラシーを持っているかでその程度が変わってきます。比較している部分の目盛りの狭さに違和感があったら、確認してみるのもアリです。上の例で

は、1店舗あたりの売上を過去3年分くらいで比較できれば知りたい情報の精度が上げられます。

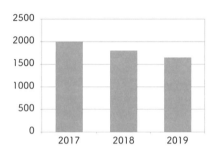

図8-3　実際には減少している過去3年分の1店舗あたりの売上

❖割合だけで表現している

　割合を使って表現しているパターンも注意が必要になります。例えば「売上が減っている」という事実は「売上減少の割合が減っている」という逆の表現に置き換えることができる場合があります。素直に数値で表現されていない場合は注意が必要です。「売上の増加率が減少している」という問題提起に強引にもっていくこともできそうです。

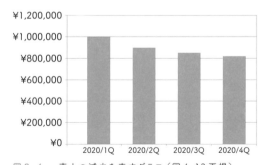

図8-4　　売上の減少を表すグラフ（図4-13再掲）

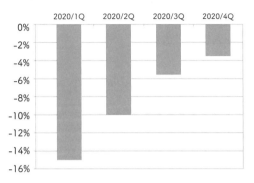

図 8-5　売上減少の鈍化を表すグラフ（図 4-14 再掲）

## ❖不安をあおられる

　筆者はこのパターンのプレゼンテーションを受けた際には、絶対にその場では決断・判断しないことにしています。たとえチャンスを失うことになっても、です。ただ幸いにもチャンスを失うようなことになったことはまだありません。判断する時間を強制されるのは基本的にアンフェアだと筆者は考えています。

　例えば、こういう決まり文句が筆者にとって危険信号です。

### セールスの場

- 今決断してください。この場で決断が必要です
- 今買わないと売り切れます
- 今決断しないと他のお客様へのご紹介になります
- みんなもう決めていらっしゃいます

### 仕事の場

- 明日までが締め切りで、今この審査を通さないと大変なことになります

■ こんなに大きいリスクがあるので、やらないよりやった方がいいです
よね（作業の優先度が無視されている）

　ダブルバインド効果を利用してくる相手も同様です。（買うことは前提
として）「どちらにしますか？」と聞いてきた場合は、迷わず「検討して
後日回答します」と返答しています。そうすると「今買わないと売り切
れますよ」と言ってきたりしますけどね。ダブルバインド効果は、不安
をあおる方法とだいたいセットで使われます。

❖複数のテクニックを組み合わせる

　「まえがき」で触れたスライドは、これまで解説したいくつかの手法を
使っていました。次のスライドは、どのような点に注意が必要だったか
吹き出しを追加したものです。はじめて見た時に違和感を感じたり、「怪
しいな」と思った方もいらっしゃったかと思いますが、その原因が明確
にわかるようになったはずです。ほぼ全ての要素が疑わしいですね。

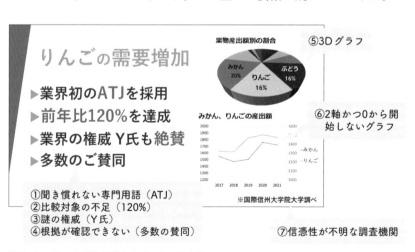

図8-6　7つの手法が使われているスライド

# 信頼と疑うことのバランス

　すべてを疑うことができれば、ダマされるリスクを最小にできます。
ただその場合、プレゼンテーションをする意味がなくなってしまいます。
プレゼンテーションをしてもしなくても信用しないわけですから。

　組織活動において、すべてを疑うことはできません。すべてを疑うと、
すべての仕事を自分1人でしなければならなくなります。組織に所属し
ていながら、周りが誰も信用できない、客観的に考えて自分以外が敵だ
という状況は稀なはずです。もし本当にそうならその組織から離れた方
がよいでしょう。

　すべてを疑う代わりに信用が必要になります。信用した分だけ、事実

の裏付けや検証を省略できます。

　ではどのようにして他人を信頼すればよいでしょうか。この点を本書では取り上げませんが、一律一様に疑うのは非効率になります。人によって、話そうとしている領域によって、状況によって、信頼と疑うことのバランスを変える必要があるでしょう。

# 特定分野の専門的な知識

　プレゼンテーションで話されている分野の専門的知識を持っていれば、それは大変大きなアドバンテージになります。専門的な知識を持っているだけで、話題の真偽を判別できる場面がたくさんあるためです。知らなかったがゆえにダマされるというパターンも往々にしてあります。

　話している対象の分野について、知らない分野だったとしても、基礎的なことは事前に押さえておくと違和感をきっかけに間違った情報であると気づく機会が増えます。スピーカーの持っている知識を上回ったら、ほとんど完璧に嘘を見破れるようになるでしょう。

　知識については経験や学習を通して身につけるしかないですが、目的なく学習しても続きませんので自分の興味の持てる分野を中心に広げていければいいのかなというのが、筆者の提言です。知的好奇心を持ち続けることが、あらゆる場面で対応できる一番の要素です。

もし学生のみなさまが本書をお読みになっているようでしたら、差し
出がましいことを申しますが、実は初等教育、中等教育は大変有効であ
るということを付言いたします。

- 言葉を正確に理解するための国語
- 言いたいことの背景にある法律、経済、社会
- 論理立てた話の構成と関係が深い数学、プログラミング

　いろいろ知っていれば、多角的な視点で捉えられるようになります。
筆者もだいぶつまらないと思って授業を受けた記憶がありますが、どの
教科も将来役に立つということだけ老婆心ながらお伝えしておきます。

# バイアスを乗り越える

　認知バイアスについては、すでに本書で取り上げました。人間の脳は
どうしても認知バイアスの影響を受けます。そして、これを完全に払拭
することはできません。疲弊した中での判断や感情的な発言などは特に
認知バイアスの影響を受けがちです。感情的な発言をしてしまい、あと
で冷静になったタイミングで後悔したことはないでしょうか。いくつか
対策が考えられます。

- 典型的な認知バイアスを理解し、自分がバイアスの影響を多分に受け
  ていないか客観的に確認する

- ファクトベース（事実を基にした）[5] の判断を行う
- 重要な意思決定は感情が高ぶっている時にはしない

　認知バイアスの傾向に自分で気づくためには、どのようなバイアスが存在するか知っておく必要があります。ときどき本書を見返して自分がバイアスの影響を受けていなかったか振り返ってみてもよいでしょう。

# プロセスに注意する

　目の前で行われているプレゼンテーションが、ただこの一瞬だけのものなのか、それとも継続していく性質のものなのかで注意することが変わります。

## その瞬間だけのもの
- LT（ライトニングトーク）による情報共有
- 大学の卒論発表 ※大学院へ進学する場合は継続するので除外します

## 継続する性質のもの
- 状況報告
- 何らかの審査

[5] 事実に基づいて考え、判断すること。マーケティングやコンサルティングで使われることがよくある用語です。

- 契約を伴うもの
- 重要な意思決定を伴うもの

　注意すべきは、後者の継続する性質の方になります。このプレゼンテーションでOKが出たら、スピーカー側は継続してプレゼンテーションの内容を実践するということです。このプレゼンテーションで終わりではなく、始まりです。

　スピーカーはOKをもらうことに注力してプレゼンテーションするはずです。そして、プレゼンテーションを受ける側は、承認や意思決定が必要になります。OKを出す側は、不確実なことやリスクなども踏まえてOKの判断をします。ただ、スピーカーのプレゼンテーションした内容は正確だったでしょうか。もしかしたら、スピーカーは「**OKさえもらえれば、このあとの行動は多少違う方法でもいいだろう**」と思っている可能性だってあります。

　プレゼンテーションの内容がうまくいっているか（守られているか）をチェックするには、**そもそものプロセス（運用の決まり）を確認した方がよい**でしょう。状況報告であれば、1ヶ月ごとに報告の場を設け「今回は○回目ですよね」と確認したり、ある製品の購入を認めた際に「その効果の報告は3ヶ月後の決まりですよね」と約束を取り付けたりといった形です。こういったチェックするプロセスが存在しているか確認しましょう。存在しないのであれば、策定する必要があります [6]。

---

[6] もちろん、少額の備品や消耗品の評価までするのは、費用対効果の面から省きましょうという判断もあります。

プレゼンテーションを受ける側は、OKを出すかどうかに意識が向きがちです。ただ本来の目的は、プレゼンテーションされた内容が、組織の利益になるかどうかを確認することに違いありません。継続するのですから、1回のプレゼンテーションだけで終えるべきではありません。

### reveal.js

　Marpと同様にMarkdown形式のテキストをスライドにできるツールです。Marpと同様の利点がありますが、特徴的なのはMarkdownの他にHTMLでの記述が可能であることです。そのためHTMLに明るければ、凝ったデザインも可能です。プレゼンテーション時にはブラウザを使用します。作りながらブラウザで見た目を確認するということができます。

　例えば、下記のようにHTMLのソースコード（一部抜粋）を記載した場合、

```
<body>

  <div class="reveal">

    <!-- Any section element inside of this container is displayed as a
slide -->
    <div class="slides">
      <section>
```

```
    <h1>Reveal.js</h1>
    <h3>The HTML Presentation Framework</h3>
    <p>
      <small>Created by <a href="http://hakim.se">Hakim El Hattab</a> / ↵
<a href="http://twitter.com/hakimel">@hakimel</a></small>
    </p>
  </section>
```

次のように画面に表示されるようになります。

図8-7 reveal.jsでの表示結果

ブラウザの印刷機能を用いてPDFを出力することも可能です。

# そもそもダマされないしくみ

いかにダマされないようにするか、いかに嘘を見破るかという技術を前章で説明しましたが、そもそも**ダマされないしくみ**を作れないでしょうか。嘘がつけないしくみを作ることができれば、ダマされてしまう不幸な人を減らすことができるでしょう。そもそもダマされないようにするしくみについて、整理してみます。

# フォーマットを作る

一番わかりやすい手段としては、**定型フォーマット**を作ってしまうことです。そして、これは実際に社会生活の中で取り入れられています。名前の欄があれば、名前を書かざるを得ませんし、年収の欄があれば、それを書かなくてはいけません。空白のままにしておくには、相手に納得できる理由の提示が必要となるでしょう。

これは何かの申請や申し込みなどプレゼンテーショ

稟議書フォーマット ver 1.0

| | 稟議書 | | | |
|---|---|---|---|---|
| 管理番号 | | 申請者 | | |
| 件名 | | | | |
| 費用 | | 開始予定日 | | |
| 概要 | | | | |
| 稟議対象 | | | | |
| 申請理由 | | | | |
| 備考 | | | | |
| 決裁結果 | | | 決裁日 | |
| 承認欄 | 決裁者1 | 決裁者2 | 決裁者3 | 決裁者4 |
| | | | | |
| 管理部門利用欄 | | | | |

図9-1　定型フォーマットの例

ンが不要な場面で多く使われますが、プレゼンテーションをする際にも有効です。スライドとは別に**定型フォーマットのドキュメントも記載してもらう**ことで、プレゼンテーションのテクニックによるごまかしを防ぐことができます。このような場合、スライドより定型フォーマットのドキュメントが重視される傾向[1]があります。もし重視されていないようでしたら、確認したい項目が定形フォーマットから漏れていますので、改善した方がよいでしょう。

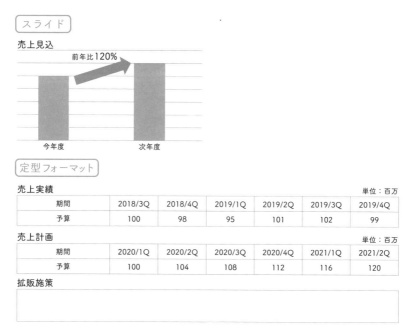

売上実績                                                                単位：百万

| 期間 | 2018/3Q | 2018/4Q | 2019/1Q | 2019/2Q | 2019/3Q | 2019/4Q |
|---|---|---|---|---|---|---|
| 予算 | 100 | 98 | 95 | 101 | 102 | 99 |

売上計画                                                                単位：百万

| 期間 | 2020/1Q | 2020/2Q | 2020/3Q | 2020/4Q | 2021/1Q | 2021/2Q |
|---|---|---|---|---|---|---|
| 予算 | 100 | 104 | 108 | 112 | 116 | 120 |

拡販施策

図 9-2　スライドの表現と定型フォーマットの差異

[1] 履歴書は定型フォーマットですが、微妙な位置づけです。名前や学歴など最低限必要な共通する項目はありますが、フォーマットが何種類か異なっていますし、面接（プレゼンテーション）が重視される場合もあります。

# 学術論文

　ダマす余地を限りなく減らすような資料の形式を考えると、プレゼンテーション資料は最終的に**学術論文**の形式に行き着きます。決められた体裁や書き方に基づいて記述し、客観的に判定が可能な事柄について、根拠を明確に示して書きます。得られた事実とそれに関する考察は明確に区別します。

## ❖体裁

　科学論文では**IMRaD**と呼ばれる論理展開の手順が用いられます。IMRaDは、Introduction, Methods, Results and Discussionの頭文字をとったものですが、実際はTitleやAbstract、Conclusion、Referencesなども含めた以下のような構成になります。

表9-1　IMRaD型の文章構成

| 項目名 | 和訳 | 詳細 |
|---|---|---|
| Title | 題名 | 論文の内容を数語でまとめたもの。必要に応じて副題が入る |
| Abstract | 要旨 | 論文の概要と主要な結論を記載したもの。通常論文の冒頭に記載する |
| Introduction | 緒言、導入 | 問題提起、研修の対象、研究の背景、何をどこまで明らかにするかといった研究の位置づけを記載する |
| Materials and methods | 研究方法 | 研究に用いた方法や手法について第三者が追跡可能なよう不足なく記述する |

| 項目名 | 和訳 | 詳細 |
|---|---|---|
| Results | 結果 | 研究過程で得られた事実を記述する |
| Discussion | 考察 | 得られた結果を解釈し、論文によって得られる知見の意義を明らかにする |
| Conclusion | 結論 | 全体を総括して結論づける |
| References | 引用 | 引用（参照）文献リストを記述する |

　さらにこの論理展開の手順に沿った上で、厳密な論文の書き方（スタイル）がいくつか存在します。学術雑誌や学問分野でそれぞれ異なっています。

### ❖査読

　論文の多くは、研究者仲間や同分野の専門家による**評価や検証**が行われます。通常、査読者が誰であるか著者側に知らされることはありません。査読方法もいくつか種類がありますが、忖度や縁故が査読に影響しないよう工夫されています。

### ❖参考文献

　**参考文献は決して省略できません。**「巨人の肩の上に立つ」[2]といったりしますが、新しい発見や研究成果は、すべてこれまで研究してきた方々の結果の上に成り立っているからです。自身の論は巨人なくして成立しませんし、自身の論の根拠を明確にする必要があります。そのため、論文ではどこまでが参考文献の内容なのか明確に区別して記述されます。

[2] 先人の積み重ねた発見に基づいて何かを発見すること。

**引用**の場合は、著者名・著書名・頁（ページ）・出版社・年度を明確にするように決められています。

このように嘘の通らないしくみが構築されています。企業がこの方法を採用するには、多くのハードルがありそうですが、ほとんどそれに近い取り組みをしている企業があります。Amazonです。

# Amazon社の取り組み

今や世界的な規模で大きくなったAmazonですが、そのCEOだったジェフ・ベゾス（Jeffrey Preston Bezos）氏が大変興味深い取り組みをしています。なんと社内で重要な計画や決定を行う際は、**PowerPointなどによるプレゼンテーションを禁止**しています [3] [4]。

その理由を社員向けに宛てたメールで、次のように語っています [5]。

PowerPoint-style presentations somehow give permission to gloss over ideas, flatten out any sense of relative importance, and ignore the interconnectedness of ideas.

（PowerPoint形式のプレゼンテーションは、アイデアを光るものに

---

[3] すべての状況においてPowerPointを禁止しているわけではないそうです。

[4] 同様にFacebook社、LinkedIn社もこの取り組みを行っているようです。

[5] 「Why Amazon banned PowerPoint」https://www.managementtoday.co.uk/ why-amazon-banned-powerpoint/leadership-lessons/article/1689543

魅せ、相対的に判断する重要な感覚をごまかし、アイデアの内側の関連性を無視することを許しているのです。）

どういうことかというと、プレゼンテーションはそれを行う人のプレゼンテーション能力が説得力の一部を担っています。ですが、社内で重要な計画や決定を行う際は数値や理論を根拠に行われるべきです。

重要な決定を行う際の根拠は、以下ではなく、

スピーカーの話術　　スライドの見た目　　　数値　　　　　論理

図 9-3　説得力を担う要素のバランス（一般的なプレゼンテーションの場合）

次のようであるべきだということです（学術論文みたいですね）。

数値　　　　　　　　　　　　論理

図 9-4　説得力を担う要素のバランス（社内の重要なプレゼンテーションの場合）

ジェフ・ベゾス氏がプレゼンテーションの性質を完全に理解した上で、この考えを会社の運営に取り入れていたことは感嘆に値します。

筆者は、そもそも組織の運営においてプレゼンテーションからは逃れられないと思っていました。そのため、せめてダマされないように、そして工夫してうまく利用できるように本書を書いたのです。プレゼンテーションをしないという選択肢があったことに当時強く感銘を受けた記

憶があります。

　それでは、どのような方法で会議をしているのでしょうか。筆者は
Amazon社員ではありませんが、この取り組みについてはインターネット上でいくつか関連情報がありましたので、調査し整理しました。

❖文書作成の概要
　プレゼンターが**ナラティブ（narrative：物語）**と呼ばれるレポートを作成するところから始まります。ナラティブの形式は以下になります。

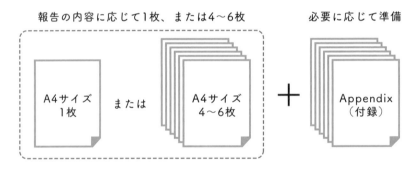

図9-5　Amazonの文書作成

- A4サイズの紙で1枚、もしくは4〜6枚
- 補足が必要な場合は別途「Appendix（付録）」を作成して、枚数にはカウントしない
- フォントサイズは10.5ポイント
- 箇条書きは禁止
- 1つのセンテンスは短く、単語数は30個未満
- 形容詞は避けて、データで置き換える（大きい、少ないではなく、数値で表す）

- 漠然とした言葉をなくす
- このドキュメントの事前配布は禁止

## ❖ 会議体

会議自体は以下のように行われます。

- 会議は小規模にとどめる。目安はピザ2枚でお腹いっぱいになれる人数（およそ5～8人）[6]
- まず20～30分全員でレポートを読む
- 参加者は余白に課題や問題などをメモする
- 読んだあとに、参加者が理解できない部分を質問攻めで明確にしていくスタイルで進行する
- プレゼンターは4つの回答方法のいずれかで答える（はい、いいえ、具体的な情報、わからない）
- 顧客を意味する空席を用意する（仮想的なお客様が会議の内容を聞いている。顧客が納得するかどうかという、Amazonが顧客第一主義であるための意識付け）

　このように進行することで、確かに数値や理論に基づいて判断できます。これはかなり核心をついたやり方ですが、同時に文章の作成能力が必要になりそうです。企業の幹部社員全員にこの能力が求められます。どの企業もこの方法を採用する……というのはもう少し先の未来になるような気がします。

---

[6]ジェフ・ベゾス氏は、これを"two pizza rule"や"two pizza team."と呼んでいます。

# データで意思決定する

　マリッサ・メイヤー（Marissa Ann Mayer）氏は、Yahoo!の元CEO、Googleの元副社長という輝かしい経歴を持ったアメリカIT業界を代表する実業家の1人です。特にGoogle所属時代に彼女が開発に携わったサービス（Google検索、Google News、Gmail、Google Map、Google Earthなどなど）を見てもわかるように、Googleを大躍進させた立役者の1人として活躍しました。これらサービスのビジュアルデザインは彼女の功績によるものです。学生時代に認知心理学を学んだメイヤー氏は、まったく別の分野と思われるビジュアルデザインの世界で活躍しています。より良いビジュアルデザインに改善し続けたメイヤー氏の仕事術は「ダマされない」ということと大きく関係していますので、本章で取り上げます。

## ❖データ駆動による意思決定

　メイヤー氏の発言の1つに**「政治的にならないよう、データを使いましょう」**という言葉があります。「見た目」を作るビジュアルデザインの仕事はデータで表現しにくい感覚的な要素を多分に持ちます。しかしメイヤー氏はデザイン会議において「I like（好き）」という言葉を使わないようにし、代わりに「サイトでの実験では、彼のデザインの方が10%優れたパフォーマンスを示しています」というようなコメントを奨励しました。

　ウェブページの青色の配色を決めるために、直感で決めず実に41種類の青色のバリエーションをテストしたということもありました。会議で

の発言においてもデータによる判断を強調しました。例えば以下のように質問をします。

- どうやって確認した？
- 調査方法は？
- どうやって裏付けしたの？

　**感覚ではなく、データによって意思決定しています**。データにこだわる姿勢が従業員の反発を生むこともあったようですが、結果としてデザインは成功し、判断において政治的な要素を排除できています。

　またメイヤー氏は大事な意思決定をする時、感情や認知バイアスに影響されないよう評価項目を整理して数値化する習慣がありました。複数の大学に合格した際は、評価項目を洗い出して大学ごとに数値化しました。就職先は複数のオファーがあり、それも同様に数値化したそうです。結果として当時まだ小規模だったGoogleに就職先を決めています [7]。

---

［7］メイヤー氏自身「最後は直感で決める」と発言しているのが興味深いところです。データの分析があるからこそ、直感の精度を上げることができています。

## miro

　miroというホワイトボードのようなオンラインサービスがあ
ります。これは、プレゼンテーション専用のサービスというわ
けではありません。以下のような特徴があります。

- ■ホワイトボードのように使える
  - ・付箋を貼れる
  - ・お絵描きができる
  - ・KJ法の表現ができる
  - ・フロー図が書ける……など多種多様な機能が用意されている
- ■複数人で編集できる
- ■マインドマップが書ける
- ■範囲を指定してスライドにできる
  - ・スライドはPDFや画像でエクスポートできる

　現実のホワイトボードのように状況整理、情報共有、進捗管
理などに使えそうです。それ以外にもいろいろな用途に使えそ
うですが、筆者は特にプレゼンテーション用途として注目して
います。
　プレゼンテーションを想定した利用方法について、一例を挙
げて説明します。

## 全体像

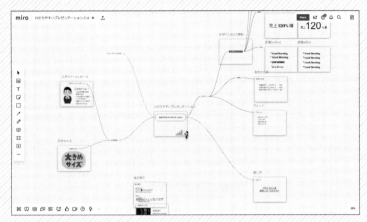

図9-6 miroの全体像

　アウトラインを作る前に、自分の認識をマインドマップ[8]で表現します。次に作ったマインドマップを中心に付加情報を付け加えます。

　その上で、「frame」という機能を利用して任意の領域を囲むことができます。それがスライドの1枚になります。加えて素晴らしいのはスライド間でオーバーラップできるところです。一般的なプレゼンテーションだと、前のスライドと次のスライドの話の繋がりを意識しないといけませんでした。オーバーラップができれば、話の繋がりがより明瞭になります。自分の考えを整理したら、そのままスライドにできそうです。

[8] 頭の中で考えていることを脳内に近い形に描き出すことで、記憶の整理や発想をしやすくする思考の表現方法。

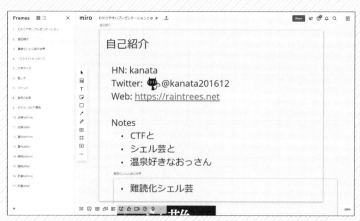

図 9-7　スライドのオーバーラップ（前）

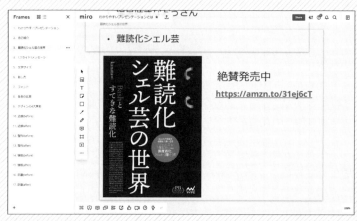

図 9-8　スライドのオーバーラップ（後）

### 左のスライドをクリックするとフォーカスされる

　frame機能で作られたスライドは左に表示されます。左にあるスライドをクリックすると、その部分が全体に大きく表示さ

れます。このあとも画面は動かせるため、マウス操作で周辺に
ある関連情報も見せることができます。

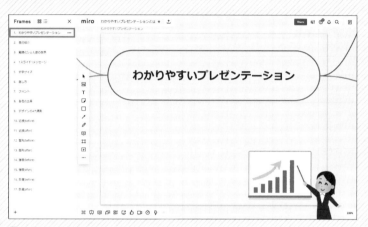

図9-9　スライドのフォーカス

　これがまた便利で、話しながら相手の反応を見て「あ、こっ
ちの方が興味ありそう」と気づいたら、スライドにしていない
情報もその場で見せられます。これまでのプレゼンテーション
ツールだと急な方向転換はできなかったのですが、それが解決
できます。

### スライドは全画面表示できる

　全画面表示できますし、PDF形式のファイルとしてエクスポ
ートもできますので、完全にプレゼンテーションツールとして
使えます。
　ですがオンラインでmiroが使える状況であれば、フォーカス

した状態で使った方がよさそうです。

図9-10　スライドの全画面表示

# 第 10 章

# わかりやすいプレゼンテーションの作り方

本書で取り上げた内容を応用して、**わかりやすい、目的を達成しやすいプレゼンテーション**を作ってみましょう。

　ただ身も蓋もないですが、常にこのやり方が完全な正解というわけではありません。プレゼンテーションをする状況や対象で変わってきます。筆者個人の経験に基づいた一事例としてここに記載します。普通に社会生活を送る上では、そんなに外れてはいないはずです。

# アウトラインの作成

　まず**アウトライン**から作成します。いきなりPowerPointを起動して作り始めようとしてはいけません。これはプレゼンテーションに関わるどの書籍を読んでも、プレゼンテーションの上手な人に聞いても同じ答え

が返ってくるはずです。いきなり作り始めてはいけないと。

アウトラインとは、プレゼンテーションの骨格を意味します。書籍でいえば目次です。

大仰なツールを使う必要はありません。紙にペンで書いてもいいですし、メモ帳でも、エディタでも何でもいいです。スライドを作り込む前に全体の構成をじっくり検討することが大切です。

**アウトラインの例**
# プレゼンテーションの作り方をプレゼンする
# アウトラインの作成
  * いきなり作らない
  * アウトラインの段階でレビューを受ける
# スライドの作成
## デザイン
  * 揃えると綺麗に見える
  * 文字のサイズ
# 話し方
  * 場数を踏むのが上達の一番効率的な方法
  * 正直に
  * 2人体制で実施する効果

エンジニアがよく使うMarkdown形式で書いていますが、どのような形式で表現してもかまいません。書きながら、どの単位でスライド1枚にするか意識して整理します。

**話す要素を3つにする**ことを意識してアウトラインを組み立てると説得力を増す効果があります。

前述の例だと、3つになっていない箇所がありますが、以下のように修正できます。3つ以上になるとプレゼンテーションを受ける相手が把握できなくなってきますので、何を伝えたいかを検討して3つに絞りましょう。

**マジックナンバー3を取り入れたアウトラインの例**

# プレゼンテーションの作り方をプレゼンする
# アウトラインの作成
  * いきなり作らない
  * 全体の構成を検討する
  * アウトラインの段階でレビューを受ける
# スライドの作成
## デザイン
  * 揃えると綺麗に見える
  * 文字のサイズ
  * 配色
# 話し方
  * 場数を踏むのが上達の一番効率的な方法
  * 正直に
  * 2人体制で実施する効果

ワンポイント **ゴールデン・サークル理論**

ゴールデン・サークル理論を利用するとさらにわかりやすいプレゼン

テーションにできます。ゴールデン・サークル理論に基づいて、アウトラインが構成されているか確認してみます。

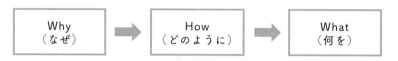

図10-1　ゴールデン・サークル理論による情報を伝える順番

　前述の例だと「**Why（なぜ）**」が足りていません。どのように（How）プレゼンテーションを作るかからアウトラインが構成されているのがわかります。Why（なぜ）は、これからプレゼンテーションを作る側にとっても重要です。Why（なぜ）が曖昧だと伝えたいことがブレます。Why（なぜ）を意識してアウトラインに加筆してみます。

**ゴールデン・サークル理論を取り入れたアウトライン作成の例**
# プレゼンテーションの作り方をプレゼンする
# なぜプレゼンテーションの作り方が重要か
 * 目的の達成
 * 短時間で全員が同じ認識を持つ
 * 大事な情報を共有する
# アウトラインの作成
 * いきなり作らない
 * 全体の構成を検討する
 * アウトラインの段階でレビューを受ける
# スライドの作成
## デザイン
 * 揃えると綺麗に見える

```
  * 文字のサイズ
  * 配色
# 話し方
  * 場数を踏むのが上達の一番効率的な方法
  * 正直に
  * 2人体制で実施する効果
```

Why（なぜ）を冒頭に追加したことにより、アウトラインを読むだけでこのプレゼンテーションの目的が明確になりました。

❖ ストーリー

アウトラインを作成する過程で、何を伝えるか整理できました。次は、**ストーリーの繋がり**を意識して見直します。繋がりというのは、例えば以下のように**話に連続性を持たせる**ことです。

```
# 売上増加
  * 売上が増加しています
# 売上増加の理由
  * 売上増加の理由は、人工知能のおかげ!
# 人工知能による効果
  * 人工知能による効果は3つあります
    * 効果A
    * 効果B
    * 効果C
# 効果A
  ⋮
```

という具合です。悪い例を書いてみます。

# 売上増加
  * 売上が増加しています
# 人工知能の効果A
  :

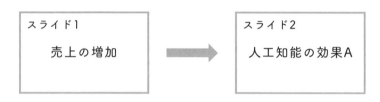

**話の繋がりがわかりにくい**

図10-2　ストーリーの繋がりが悪い例

　これでは「売上の増加」から「人工知能の効果A」へ、なぜ話が変わったのか聞き手が理解できません。このようなケースを筆者の仲間内では「話が飛んだ」と表現しています。「このスライドから次のスライドは、話飛んじゃってるね」などといっています。

　これは簡単な方法で防ぐことができます。前のスライドで表現した重要なキーワードを次のスライドで使うようにします。

# 売上増加
  * **売上が増加**しています
# **売上増加**の理由
  * 売上増加の理由は、**人工知能**のおかげ!

# 人工知能による効果

 \* 人工知能による効果は3つあります

  \* **効果A**

  \* 効果B

  \* 効果C

# 人工知能の効果A

 ⋮

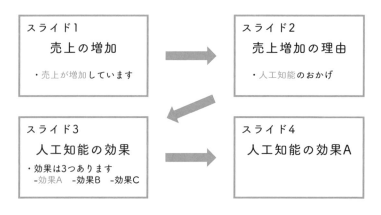

図10-3　ストーリーの繋がりがわかりやすい例

　これで、売上増加→人工知能→効果Aまで、綺麗に繋がりました。前のスライドの重要なキーワードは、次のスライドのタイトルにすると話しやすいスライドになります。

❖レビューを受ける

　アウトラインができたらこの時点で一度**レビュー**を受けましょう。アウトライン時点の指摘は、アウトラインだけを修正すればよいため、比較的短時間で済みます。実際にスライドを作成してからでは、影響の大

きい指摘があった時の手戻りが大きくなります。スライド完成後に作り直しになってしまった経験はないでしょうか。筆者は、それで苦労したことが何度かあります。

そして、この時点でアウトラインはステークホルダー[1]と合意して固めてしまいましょう。これ以降のアウトライン（ストーリー）に対する指摘は、基本的に参考にとどめてしまう[2]のがコツです。レビュアーの指摘やコメントに全部対応するとストーリーの一貫性を失って迷走することがよくあります。いろいろな指摘を取り込んで修正していくうちに、元の内容からどんどん変化し、それを続けていたら最初に自分が作った内容に戻っていた……ということがたまに起こります。

終盤は、以下を意識してレビューを受けましょう。

■アウトライン（ストーリー）に対する指摘には慎重に対応する
■それ以外の指摘（デザイン、文書表現、話し方）は大歓迎

---

[1] 利害関係者のこと。この場合は自分のプレゼンテーションを応援してくれる立場の人です。
[2] 「あ、やっぱりこういうストーリーの方がよくない？」というコメントが入ることがあります。参考にとどめるとはいっても、無下にできない上司の指摘などは、まぁ辛いところがあるのですが……。

# 文章表現、図表の表現

　それではいよいよスライドの作成に着手します。まず初めにおおまかに文章をスライドに記述していくのがよいでしょう。記述する際にいくつか気にした方がよいポイントがあります。

### ❖1スライド1メッセージ

　スライドごとに伝えたいメッセージがあるはずです。伝えたいことは1スライドで、1つずつにしましょう。複数の伝えたいメッセージがあるとプレゼンテーションを受ける側が混乱したり、話についていけなくなったりする可能性があります。伝えたいメッセージは、**スライド上部にタイトルとして表現される**パターンが多いです。

メッセージは抽象的ではなく、**結論**を意識して書いた方がより相手に伝わります。以下の例でいうと「売上について」よりも「売上が大幅に増加」の方が効果的です。

図10-4　1つのスライドで1つのメッセージ

## ❖文字のサイズ

　伝えたいことが多くなると、文字のサイズを小さくしてすべて記述したくなりますが、こらえてください。1スライドの情報量が多く、かつそれが文章で表現されている場合、実際は誰も読んでくれません。また、スライドを投影する環境によっては、文字が潰れて見づらくなるリスクもあります。

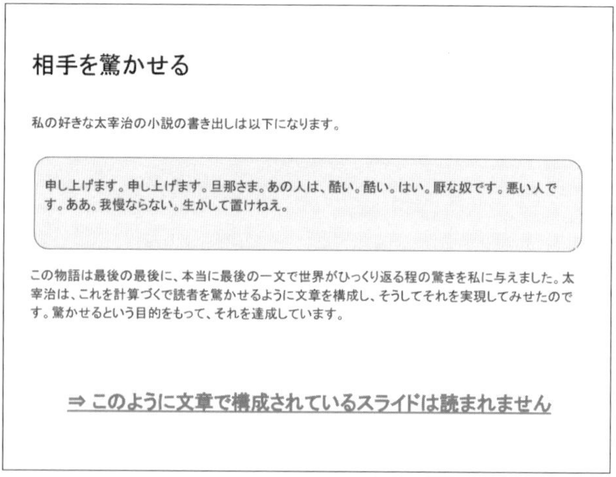

**相手を驚かせる**

私の好きな太宰治の小説の書き出しは以下になります。

> 申し上げます。申し上げます。旦那さま。あの人は、酷い。酷い。はい。厭な奴です。悪い人です。ああ。我慢ならない。生かして置けねえ。

この物語は最後の最後に、本当に最後の一文で世界がひっくり返る程の驚きを私に与えました。太宰治は、これを計算づくで読者を驚かせるように文章を構成し、そうしてそれを実現してみせたのです。驚かせるという目的をもって、それを達成しています。

**⇒ このように文章で構成されているスライドは読まれません**

図10-5　小さい文字サイズでかつ文章で表現されたスライド

　そのため特別な理由がない限りは、プレゼンテーションソフトが**デフォルトで設定している文字サイズよりも小さい文字を使わない**ことをオススメします。

　スライドのサイズによって適切な文字サイズが変わりますので、一概にこのフォントサイズまでにしてくださいと申し上げることはできません。1つの参考情報として、筆者のPowerPoint環境においては、使われている文字で一番小さいサイズが24ポイント、Googleスライドでは、18ポイントでした。

❖**用語の統一**

　案外見落としがちですが重要です。本人が同じ意味で使っていても、聞く側にとっては別のものとして認識されます。**同じ意味で使っている別の表現の言葉**を見つけたら、どちらかに合わせて統一しましょう。自

分では気づきにくく、比較的レビューなどで第三者から指摘されることが多いです。

**本人が同じ意味で使っているが、統一されていない用語の例**

- AI、機械学習、ディープラーニング、人工知能、ディープニューラルネットワーク
- OS、RHEL、Linux、リナックス
- 顧客、客、お客様

❖ 平易な文章表現

　**シンプルにメッセージを伝えるためにできるだけ短くする**のがコツです。文章が2行になってしまったら長すぎるので、語句を削って短くできないか検討します。

**文章を短く表現する例**

- 人工知能を利用したことによる効果Aや効果Bのおかげで売上が増加しました
  ↓
- 人工知能により売上増加
  - ・効果A
  - ・効果B

　あわせて**平易で誰にでもわかる言葉を使う**ように留意します。スライドの内容を頭を使わせずに理解してもらうためです。難しい言葉を使うと文章に格式高いイメージを与えることができる場合もありますが、それよりも理解してもらうことの方が優先度が高いです。聞き手のリテラ

シーに依存するところがありますが、それでもわかりやすい平易な言葉の方が伝わります。

**平易な言葉に修正する例**

- 置換する → 置き換える
- 貸与する → 貸す
- 懸念している → 心配している

## ❖ 句読点

スライドに記述する文章に句読点を入れる派と、入れない派がいます。どちらが正解というものはないですが、スライド内で統一されている必要があります。

ちなみに、筆者は句読点を入れない派です。句読点がなくても伝わりますし、その分文字数を減らすことで情報量を抑えることができるためです。文章も体言止め [3] にすることがあり、その際に句点があると少し読みにくく感じます。また、句点が冷たく感じるとの言説 [4] もあります。

## ❖ 文字より表、表より絵（グラフ、図）

ここまで文書表現にこだわりましたが、大多数の人にとって視覚的・直感的に理解しやすいのは以下の順番になります。

① グラフ、図

---

[3] 語尾を名詞や代名詞などの体言で止める技法のこと。「句読点は統一する必要があります」→「必要なのは句読点の統一」といった具合です。

[4] 「文の終わりの「。」はなぜ冷たく感じるのか？」https://www.lifehacker.jp/2020/06/214187dont-use-periods-in-texts.html

②表

③箇条書き

④文章

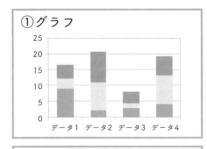

①グラフ

| | 数値1 | 数値2 | 数値3 | 合計 |
|---|---|---|---|---|
| データ1 | | | | |
| データ2 | | | | |
| データ3 | | | | |
| データ4 | | | | |

②表

③箇条書き

・データ1は……
・データ2は……
・データ3は……
・データ4は……

④文章

データ1は……。データ
2は……。データ3は
……。データ4は……。

図10-6 表現のわかりやすい順

　そのため、可能な限りグラフや図で表現できるところは文章を使わず
に表現した方がよいです。**長い文章は図やグラフに置き換えましょう。**
難しければ表や箇条書きに置き換えて簡潔に表現します。箇条書きは表
に置き換えられるケースがあるのであわせて検討しましょう。基本的に
文章は読まれないくらいのつもりでスライドを作成するとよいです。

ワンポイント **グラフの注意点**

　グラフについては特に取り扱いを注意する必要があります。一番重要
なことはプレゼンテーションを受ける側が**正確に比較できるように表現**

することです。そのためミスリードを起こしやすい3Dグラフを使うのは控えましょう。プレゼンテーションを受ける側の中には、すでに3Dグラフが誤認しやすいグラフであるということを知っている人も多くいます。少なくともそういった人達に対しては間違いなく逆の効果を生むでしょう。

複数のグラフを使用する時は**縦軸も横軸も目盛りを合わせましょう**。一方が1年ごとでもう一方が四半期ごとだと比較しにくいですし、ミスリードを起こしやすくなります。

また、**集計単位は粒度を揃えましょう**。例えば、コーヒーとアルコール飲料（ビール、ワインなど）では比較する粒度が異なります。目的に応じて粒度を合わせる必要があります。

データに嘘があると思われるとプレゼンテーションは一気に信憑性を失います。グラフ作成者が意図的に行っている場合もあれば、無意識に行っている場合もありますが、誤解を受けないよう細心の注意を払ってください。

**ワンポイント** **数値を扱う際の注意点**
集計した結果を提示する場合は、平均だけを提示するとミスリードを生みやすいので注意しましょう。**中央値や最頻値、分散を合わせて提示**すればミスリードを防ぐことができます。

端数については、切り捨て、切り上げ、四捨五入などスライド内で**処理の方法を統一**しましょう。一般的に用いられない端数処理をしている

場合、なぜそうしたか理由を言えるようにしておくことも必要です（例えば、通常は金額を表現する際は切り上げを用いません）。

**ワンポイント** **写真を扱う際の注意点**

　写真をプレゼンテーションで話す内容の補強や証拠として用いる場合は、倫理感が問われます。望遠レンズの特性を利用した圧縮効果で印象操作を図るのは不適切です。写真の一部分を切り取って相手の認識を変えることも、明確に意図があって行う分、確証バイアス（自説に不利になる情報を収集しない傾向）よりも悪意があると捉えられます。事実に背くような切り抜きや加工はしないよう注意が必要です。

## ❖スライド下部に文章を書かない

　これは状況によりますが、スライド下部に文章を書かない方がよい場合があります。

　数十人〜百人程度の規模で、たくさん並べたパイプ椅子に聴講者が座っている場面を思い浮かべてみてください。スライドが投影される位置によっては、後列の人は前の人が障害物となってスライド下部が見えません。もちろん、スライドが高い位置に投影できる場合や、一段高いステージがある場合、映画館のような建物の構造などであれば気にする必要はないでしょう。可能であれば事前に確認しておきたいところです。

## ❖最後の「ご清聴ありがとうございました」は不要

　最後のスライドには「**まとめ**」または「**関連情報**」を載せましょう。「ご清聴ありがとうございました」にするのはもったいないです。

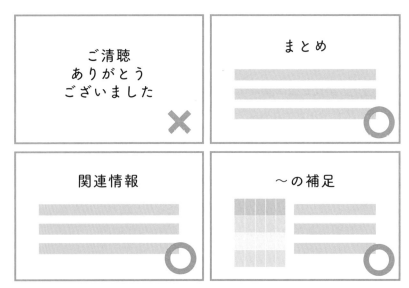

図10-7　最後のスライドには「まとめ」または「関連情報」を入れる

　プレゼンテーションは制限時間が設けられることが多いですが、最初のスライドと最後のスライドに限っては制限時間の枠を外れて長く投影される可能性が高いです。つまり、最初のスライドはプレゼンテーションを始める前にあらかじめ投影されている場合がありますし、最後のスライドはプレゼンテーションが終わったあともしばらく投影されているでしょう。質疑応答がある場合は一番長く目にされるスライドかもしれません。

　そのため、**最後のスライドには情報を集約しておく**のが得策です。プレゼンテーションの目的に沿ったまとめを最後のスライドに集約し、聞き手の行動を促すことができればベストです。
　情報共有が目的の場合は、発表内容に沿った関連情報を載せておくのもよいでしょう。

## ❖ 最後のスライドの後ろに補足を作っておく

　時間があれば、最後のスライドの後ろにさらに**補足のスライド**を作っておきます。用途は主に次の2つです。

- 時間が余った際に話すネタ
- 質疑応答の想定回答をあらかじめ用意しておく

　そのためプレゼンテーション内では使われない可能性がありますが、準備しておくとより盤石な状態で発表に臨むことができます。
　またアウトラインを整理する際に盛り込めなかった情報など、補足として作成しておいてもいいでしょう。

## ❖ 認知バイアスの利用

　認知バイアスを利用して説得力のある文章表現を作ることができます。本書で取り上げた認知バイアスの利用方法について解説します。

### ➡ 確証バイアス（Confirmation bias）

　自説を補強する情報のみ注目し、不利になる情報は無視または集めようとしないという傾向です。応用するとプレゼンテーションをする上で不利な情報を提示せず、伝えたいことを補強する情報を提示していくことも可能です。
　しかし、もっと良い方法があります。それは**不利な情報も共有する**ことです。共有した上で、そのリスクへの対策を表現できればより説得力が増します。プレゼンテーションを行う相手をどのように捉えるかで変わってきますが、相手は基本的には敵ではないはずです。敵ではなく仲間であれば、都合の悪い情報も共有することで信頼感を得ることができ

ます。

### ➡ ハロー効果（Halo effect）

権威やブランドを背景に出された情報は無条件に信頼してしまう傾向のことです。

情報元の組織に一定の信憑性がある場合、**情報の出自を明確に表現する**とプレゼンテーションの説得力を上げることができます。表やグラフを表現する場合でも、スライド右下に「～調べ」[5] の表記を見かけたことはないでしょうか。情報提供元が信頼できる機関・組織であれば相手も深く疑問を持たずに信頼する可能性が高くなります。逆に、信頼できるか不明瞭な場合は注意が必要です。複数の情報元を提示し、「総合的にこのように判断しています」といった表現が必要となります。権威に関しては特に慎重に扱った方がよいでしょう。「うさんくさい」とプレゼンテーションする側の信頼を失いかねません。

### ➡ バンドワゴン効果（Bandwagon effect）

「今流行ってます!」はビジネスにおいて効果があります。根拠となる定量的な数値（ビジネスにおいては市場規模 [6]）を表現するとより説得力を高めることができます。IT業界では定期的に何かが流行っています。古くはユビキタス、少し前はAIやIoT、今はDX（デジタル・トランスフォーメーション）に投資が集中しています。

[5] 筆者は、帝国データバンクやGartner（ガートナー）などよく目にします。
[6] 対象となる業界全体で取引が行われる総額（見込み）のこと。

## ➡ フレーミング効果（Framing effect）

同じ情報でも異なる言語表現で伝達すると、異なる意思決定をする傾向のことです。まずはプレゼンテーション全体にネガティブな印象を持たれないようにするため、ネガティブな文章表現は避けましょう。心理的負担の大きい表現を小さく見せるのも手です。例えば「年間100万円になります」と「月々8万円ちょっとです」だと後者の方が決断する心理的な負担が低くなります。

表10-1　ネガティブな言葉を修正する例

| ネガティブな表現 | ポジティブな表現 | 修正方針 |
| --- | --- | --- |
| 100万円/年です | 月々8万円ちょっとです | 小さく分割できるか検討します |
| 5%売れ残った | 仕入れの95%が売れた | 反対の表現にできるか検討します |
| クレームは5% | 95%が好評価 | 反対の表現にできるか検討します |
| 失敗した | 課題を認識した | 「できない・できなかった」は成功へ向けたプロセスの表現にできるか検討します |
| | XXは成功した | 「できない・できなかった」は視点を変えて、成功した点をアピールできるか検討します |
| 苦手 | 得意ではない | ポジティブな表現の否定形にできないか検討します |

すぐに表現が浮かんでこない場合も多くありますが、インターネットで検索すると多くのヒントを得られてオススメです。「(修正したい表現)類義語」「(修正したい表現)　対義語」や「(修正したい表現)　ポジティブな表現」など工夫して検索するとヒントを得やすいです。

表10-2　表現を探す際の検索ワード例

| ネガティブな表現 | ポジティブな表現 | インターネットでの検索ワード |
| --- | --- | --- |
| 左遷 | ご転任 | ［左遷　言い回し］ |
| 太っている | 恰幅が良い、堂々と見える | ［太っている　ポジティブな表現］ |

## ➡ コントラスト効果（Contrast effect）・ダブルバインド効果（Double bind effect）

　比較対象によって評価が変わる傾向のことです。何かを決定する目的でプレゼンテーションを行う場合、コントラスト効果を応用することである程度結論を誘導できます。例えば何かのサービスを提案する場合では、**選択肢を「松竹梅」の三択にすると**、真ん中の「竹」が多く選択される傾向があります。他の選択肢との差異を明確にした上で、誘導したい結論を「竹」にもっていきましょう。これは三択の中から選ばなければいけないような気にさせるダブルバインドの効果もあります。

## ➡ 可用性カスケード（Availability cascade）

　何回も聞くと、だんだん良いものに思えてくるという傾向のことです。同じプレゼンテーションを複数回行う機会があれば、意図せず可用性カスケードの恩恵を得る可能性があります。

　単発のプレゼンテーションにおいては、可用性カスケードを利用する機会は少ないです。「結論や主張をプレゼンテーション中に何度も繰り返し話す」というストーリーを作りにくいためです。しかも何でも連呼すればいいというわけでもなく、使いどころのバランスが難しいため注意が必要となります。一例を挙げると、1970年にSPAMという缶詰を題材にした英国のコメディが話題となり（SPAMを連呼する内容です）、結

果として迷惑メールのことをスパムメールと呼ぶようになりました。利用すること自体悪いことではないので、ストーリーをうまく作れそうであれば利用を検討してみましょう。

## ➡ ゼロサムヒューリスティック（Zero-sum heuristic）

　誰かが利益を得れば、誰かが損をすると考える傾向のことです。プレゼンテーションを交渉と捉えるならば、基本的には**対立構造を作らない**ように意識しましょう。下の悪い例では、在庫処分できるという店舗側のメリットが強調されてしまっています。

**ゼロサムヒューリスティックを意識した文章表現の例**
- 悪い例：在庫処分セールをします
- 良い例：品質はそのままに特別価格でお譲りします

　相手と折り合いそうにない条件があった場合、共同して解決する課題と捉えられる文章表現にしましょう。

- 悪い例：ダムを建設するべきです
- 良い例：治水を一緒に検討しましょう

## ➡ ユニットバイアス（Unit bias）

　課題を終了させることに意識を集中する傾向のことです。つまり**冒頭でプレゼンテーションの目的やゴールを明確にする**と、プレゼンテーションを受ける側の意識を目的の達成に集中させることができます。
　一番簡単な手法は、プレゼンテーションのタイトルを目的やゴールがわかるような表現にすることです。次の悪い例はゴールが不明確です。

売上だけ教えてもらっても「ふ〜ん」で終わりそうです。

**プレゼンテーションのタイトル例**
- 悪い例：1月の売上について
- 良い例：販売戦略の決定（1月）

　カンファレンスでの発表など、あらかじめプレゼンテーションの目的が共有されている場合もありますが、そうではない場合もあります。どちらにしても冒頭で「このプレゼンのゴールはこれです」「今回はこれを決める必要があります」「〜のために、これを説明します」「今回はこれだけ覚えてください」と伝えることは効果があります。これはWhy（なぜ）から話をするゴールデン・サークル理論と重なっています。

# 話し方

　プレゼンテーションでの話し方についてですが……難しいですよね。筆者も苦手意識を持っています。ただ、秘策があります。100点は無理としても、これで及第点にはなれるという手があります。

　今までアウトラインに沿ってスライドを作りながら、長い文章表現は短くしてきました。次のようなスライドの連続になっているはずです。

**1枚のスライドの概要（文章表現は短く）**
# このスライドで言いたいこと
　＊短くまとめたポイント


具体例を挙げると、例えばスライドの内容は以下のようになります。


**スライドの内容（例）**
# 売上増加の理由
　＊人工知能により売上増加
　　＊効果A
　　＊効果B


これを以下の順番で話すだけです。


■「このスライドで言いたいこと」は何かを話す
■「短くまとめたポイント」を短くする前の言葉で話す


上図のスライドで話すとしたら、このように話します。


売上増加の理由についてです。
人工知能を利用したことによる効果Aや効果Bのおかげで売上が増
加しました。
効果Aについてですが……


　これを意識するだけで、緊張して話すことを忘れて頭が真っ白に……
という事態も防ぐことができます。**書いてある通り読めばいいのです。**

「短くまとめたポイント」は自分自身で短くしたので、元の長い文章を話すのもそれほど難しくありません。本人にとっては、「書いてある通り」に話せますし、聞き手はスライドにはない情報を受け取ることができます。

プレゼンテーションにおいて、話し方が重要なのは重々承知しています。ですが一朝一夕に改善できないところですよね。そのため、最悪、そのまま読めばいいようにスライドを作っておきましょう。このしくみで、不安や緊張からもだいぶ解放されます。この基本的なスタイルが確立できたら、あとは＋αで話術を磨けばいいのです。

ちなみに不安のあまり、セリフ用の原稿を作った経験が筆者にはありますが、あまり良い結果は生まれませんでした。丸暗記するのに労力がかかりましたし、想定外のことが起きた時、原稿に書いてある以外のことに対応できなくなりました。

## ❖時間管理

　時間無制限でプレゼンテーションする機会は少ないでしょう。大抵は時間を決められています。そして、プレゼンテーションにおいて時間オーバーは悪手です。その場の運営上のルールによっては、強制的に中断させられる場合もあります。予定より短い時間で終わってしまった場合は間を繋ぐ策を講じることができますが、時間オーバーはどうにもできません。

　プレゼンテーションをする際は**見える位置に時計を置いておきましょう**。腕時計は、時間を確認する際に目線が大きく動いて話が一瞬中断してしまうので、外してパソコンの横に置くのをオススメします。

### ➡ スライド枚数の目安

　一般的な目安は**1スライド1分**といわれています。10分のプレゼンテーションであれば表紙を除き、10枚前後が1つの目安になります。筆者の経験とも、だいたい合っています。

### ➡ 実測

　一番確実なのは、リハーサルをして実測することです。練習すると完璧にわかります。加えて自分自身の特性を押さえておくとよいでしょう。リハーサルと比べて本番では早口になりがちであれば、想定より短い時間で終わる可能性があります。

### ➡ 想定より短く終わった場合：質疑応答に使う

　想定より短い時間で終わった場合、質疑応答で時間をきっちり使い切ることができます。

　またプレゼンテーション後に質疑応答があるパターンでは、早めに終

わった分を質疑応答に使うことができます。ただ場の雰囲気やプレゼンテーションの内容によっては、質問が出てこない場合もあります。もう1つ手を打っておくと完璧です。

### ➡ 想定より短く終わった場合：補足を話す

　時間が余った場合のために話すネタをあらかじめ用意しておきます。最後のスライドの後ろにくっつけておくとよいでしょう。別のファイルにしてもかまいません。用意する時間がなければ、関連するWebページを表示するというやり方もできます。

　補足で話す内容に制限はありませんが、プレゼンテーションの目的達成[7]を補強するような内容がよいでしょう。プレゼンテーションを作成した際に削った内容があれば、その内容を使うのも手です。

### ❖ 体制について

　意外と盲点ですが、プレゼンテーションを単独でしなければいけないという決まりはありません。1人で行うルールが設けられている場合もありますし、1人で行うのが慣例になっているものもありますが、そうでなければ仲間と一緒にプレゼンテーションしてもいいはずです。

　複数人でのプレゼンテーションが可能である場合、**2人体制**を組むと効果が高いです。次のような組み合わせが理想です。

---

[7] 目的次第ですが、ざっくばらんなLT（ライトニングトーク）などでしたら場を盛り上げる目的で好きなことを話すのもいいですね。

- ■ ハキハキ話せるＡさんと落ち着いているＢさん
- ■ 若手とベテラン
- ■ 部下と上司
- ■ ボケ役Ｃさんとツッコミ役Ｄさん

　とはいえ基本的には１人がメインでスライドを作成し、その人がメインで話します。これは１人でも２人でも変わりません。２人目は役割として「途中で補足を入れてフォローする」「質疑応答を受ける」「タイムキープ」を担います。実践してみるとわかるのですが、実はこれだけで高い効果を生みます。

- ■ スピーカーは話すことだけに集中できる
- ■ 突然入るツッコミや質問にうまく対応できる
- ■ 当事者意識を持った仲間からのレビューを受けることができる

　プレゼンテーションそのものは、話しながら時間管理、突然の質疑応答への対応、聴衆の反応を見て話す内容を調整する……といったことを同時進行するので、とても難しいんですよね。これを分担できるだけで全体の品質を上げることができます。レビューについても、自分も話す側という当事者意識が生まれるので、いつもより身の入ったレビューになることが期待できます。

## ❖上達の方法

　結論からお伝えしますと、繰り返し実践経験する……いわゆる「**場数を踏む**」のが上達の一番の近道です。プレゼンテーションの上手な方に上達の方法を聞くとほぼ例外なくこう仰います。筆者は何とか場数を踏

まずに上達したかったのですが、今振り返ると、残念ながら実践経験の多寡がそのまま上達の度合いを表していました。

　実践経験の機会ですが、少し視野を広げるとチャンスはたくさんあります。何も学会やカンファレンスなど大きなイベントのスピーカーにならなくてもいいんです。近年では、IT業界を中心にたくさんのコミュニティ・勉強会があり、その中でLT（ライトニングトーク）を募集していたりします。こういったものの中にはすべてLTで構成されるものもあり、常に発表者を募集しています。興味のあるコミュニティを覗いてみて、できそうなら思い切ってチャレンジしてみましょう。きっと良い経験になります。

　IT業界のイベントやコミュニティ、勉強会を探す場合は、connpass（https://connpass.com/）というサービスが大変便利です。基本的な登録と利用は無料で行えます。興味のある分野の勉強会などを探してみましょう。Zoom[8]やYouTube[9]などを利用したオンラインでの開催も増えてきていますので、気軽に参加できるようになりました。

[8] テレビ会議と同様に映像と音声を使って遠隔でコミュニケーションを実現するサービス。
[9] 動画共有、動画配信サービス。いわゆる生放送のようなことも個人レベルで可能です。

図10-8　connpass エンジニアをつなぐ IT勉強会支援プラットフォーム

　もう1つ付け加えますと、1つのプレゼンテーションを繰り返し、時間をかけて練習すれば、そのプレゼンテーションに対しては必ず上達します。時間をかければかけるだけ、淀みなく話せるようになってきますし、時間配分もわかるようになります。大事なプレゼンテーションが控えている場合は、計画的に練習時間を確保するとよいでしょう。

ワンポイント ハロー効果（Halo effect）

　同じ内容でも話す人が「何だかデキそうな人」と「そうでもなさそうな人」では、プレゼンテーションを受ける側の印象が違ってきます。「何だかデキそうな人」と思わせるだけで説得力が上がるのですから、これをやらない手はありません。

　一番簡単なのはTPOに合わせて**身だしなみ**を整えることです。状況によりますが、同じユニフォーム、同じ制服などでも効果があります。チームワークやブランドを示すことができ、個人の発表ではなく組織で動くことを印象付けられます。

# 根回し

　仕事における事前準備の大切さを説いたことわざに「**段取り八分仕事二分**」というものがあります。準備が大切ということは、日本の美徳とされています。準備の段階、つまりプレゼンテーションの前に勝負をつけられるのだとしたら、やらない手はないでしょう。

　例えばキーパーソンを捕まえて、事前に内容について合意してしまえば楽です。その際にキーパーソンから何か反対意見があっても、プレゼンテーションに反映する時間的な余裕も生まれます。プレゼンテーションの場で、「××さんも賛成してくださっている件です」と宣言できれば、反対意見を封殺できるかもしれません。

なんとも日本的な方法のような気もしますが、プレゼンテーションはあくまで目的を達成する一手段ですので、他の方法が使えるのであれば組み合わせて使いましょう。結果としてプレゼンテーションそのものは形骸化するかもしれませんが、より安全に目的は達成されます。

### ワンポイント ハロー効果（Halo effect）

プレゼンテーションでは、スピーカーの役職、見た目や話し方、情報元の出自など、さまざまな部分でハロー効果が効いてきます。根回しは、そのものがハロー効果を利用した方法です。根回しをより権限がある人、より立場が上の人に対して行えばより高い効果が見込めます。例えば、国のトップ（国によるのかもしれませんが）の賛成を得たら、反対する人は有意に減少するでしょう。

# 奇抜なプレゼンテーション手法

最後に一風変わったプレゼンテーションの手法をご紹介します。これらの手法は準備が簡単かつインパクトがある方法として一時期話題になりました。どちらも相当な話術が必要になりますが、一手法として覚えておいて損はありません。

### ❖高橋メソッド

高橋メソッドとは、日本Rubyの会の高橋征義氏によって考案されたプレゼンテーション技法です。プレゼンテーションソフトが使えない状

況の中で、苦肉の策としてHTMLを使った大きな文字のみでプレゼンテーションした結果、思いのほか好評だったことがはじまり、とご自身で語られています。

特徴は「**巨大な文字**」と「**簡潔な言葉**」だけのスライドを使うことです。

図10-9　高橋メソッドの例

高橋氏によると、高橋メソッドの利点は以下4つあるそうです。

①見やすい（会場の後ろの方でも見える）
②表現が簡潔になる（推敲の指針になる）
③発表しやすい（話す順序が明確になり、ストーリーができる）
④聴衆も集中しやすい（画面の情報量を減らして、話に集中させる）

確かにスピード感溢れるプレゼンテーションは聞いていて飽きなそうですね。この手法はアウトラインをそのままスライドにすることができるためスライド作成にかかる時間はかなり短縮できそうです。逆に話の方はスライドで減らした情報量を話術で補う必要があります。

筆者は何度かこのプレゼンテーション手法を見かけたことがあります。短時間で作れるため、飛び込みで発表できるようなカジュアルな場で活きてくる方法かもしれません。

　高橋メソッドは、同氏が以下サイトで詳しく解説しています。

▶ 高橋メソッド
　http://www.rubycolor.org/takahashi/

❖ もんたメソッド

　その昔「午後は○○おもいッきりテレビ」[10] というテレビ番組がありました。その中でみのもんた氏が行ったプレゼンテーションスタイルです。文章の一部を隠してプレゼンテーションを開始します。**話の中で隠したところを明らかにしながら、視聴者を驚かせる**スタイルです。

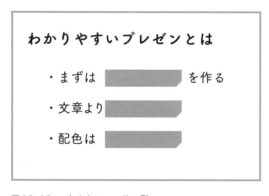

図10-10　もんたメソッドの例

　みのもんた氏の話術のうまさも加わって、とても印象に残るプレゼンテーションになっていました。どのくらい影響があったかといいますと、

---

[10] 読者の中の若い世代には通じない気がしています。時間の経過は恐ろしいですね。

この番組はよく健康になる食品などを取り上げていたのですが、それが玉ねぎやバナナや納豆でも、翌日スーパーで品切れになっていたほどです。

　もんたメソッドの利点は「**隠されたものが気になる**」という人間の心理を利用して、そこに注目させることができる点です。逆に印刷物で配布する必要がある場合は効果を失うので注意が必要です。

# 認知バイアス一覧

認知バイアスは詳細に分類されています。バイアスを認識すること
は、自己の誤った判断に気づくきっかけになるでしょう。逆に捉え
ると、これらの認知バイアスを使えば効果的にプレゼンに応用でき
る可能性もあります。ここでは、本書で取り上げた認知バイアス、
およびよく耳にする認知バイアスを記載しています。

また、以下「認知バイアス一覧で社会心理学入門」に大変綺麗にま
とめてくださっている方がいらっしゃいます。認知バイアスは本書
で取り上げたもの以外にも大量に存在することがわかります。

➡認知バイアス一覧で社会心理学入門
http://lelang.sites-hosting.com/naklang/method.html

■ 信念形成の際の認知バイアス一覧

| バイアスの名称 | 説明 |
| --- | --- |
| 可用性カスケード<br>（Availability cascade） | 主張を何度も聞いているうちに、それが正しいと信じてしまう傾向。特定の主張が他人に伝播していくため、デマやブーム、社会現象のきっかけになり得る。 |
| 確証バイアス<br>（Confirmation bias） | 仮説や信念を検証する際に、自分に都合のいい情報ばかりを集め、都合の悪い情報は無視または集めようとしない傾向。 |
| コントラスト効果<br>（Contrast effect） | 同じものでも、比較対象があることで評価が変わる傾向。引っ越し時に物件を見て回る時に、最初のひどい物件と比較して次の物件がよく見えてしまう。 |
| 錯誤相関<br>（Illusory correlation） | 相関がないデータに相関があると思い込んでしまうこと。傘を持って出た日に限って雨が降らないなど、一部はマーフィーの法則 [1] として知られている。 |

［1］先人の経験から生じた数々のユーモラスでしかも哀愁に富む経験則をまとめたもの。多
　　数の書籍が出版されている。

| バイアスの名称 | 説明 |
|---|---|
| サンプルサイズに対する鈍感さ<br>（Insensitivity to sample size） | 少数のサンプルを調べただけで、それが全体の傾向を表していると思い込む傾向。サイコロで1が連続で出た時、次も1だと信じてしまう。 |
| 真理の錯誤効果<br>（Illusory truth effect） | 間違った情報や大げさな情報でも、複数回報道されるうちに真実だと思ってしまう傾向。プロパガンダで利用される。「嘘も100回言えば真実になる」とも言われる。 |
| 実験者バイアス<br>（Experimenter's bias） | 研究者が無意識のうちに自分の仮説に合致するように実験をしたり、データを解釈したりする傾向。研究者バイアスとも呼ばれる。 |
| 信念の保守傾向<br>（Conservatism） | 新しい情報や証拠を過小評価し、信念が修正されない傾向。自分の考えに基づいた行動や結果を過大評価している頑固な状態。 |
| 信念バイアス<br>（Belief bias） | 自分の価値観、信念、事前知識に合致する結論は受け入れるが、一方で、その結論に対する反論を拒否する傾向。自分の予測に基づいて購入した株が暴落すると数値が表しているのに手放せない。 |
| 正常性バイアス<br>（Normalcy bias） | 自分に都合の悪い情報を無視したり、過小評価したりしてしまう傾向。地震や火災発生時に「自分は大丈夫」「今回は大丈夫」「まだ大丈夫」などと過小評価してしまう。 |
| 生存バイアス、生存者バイアス<br>（Survivorship bias） | 成功したもの、現在残っているものだけに注目し、淘汰されたものに注意を向けない傾向。結果として不十分な調査となる。 |
| センメルヴェイス反射<br>（Semmelweis reflex） | 通説にそぐわない新事実を拒絶する傾向。常識から説明できない事実を受け入れない傾向。かつて地動説は長く否定され続けた。 |
| バーナム効果<br>（Barnum effect） | 誰にでも該当する曖昧な内容であっても、自分や自分の属する集団だけに当てはまると思い込んでしまう傾向。「あなたはロマンチストな面を持っています」と言われた時、多くの人が自分のことを言い当てていると思ってしまう。 |
| バイアスの盲点<br>（Bias blind spot） | 他人が影響を受けている認知バイアスには気づけるが、自分が影響を受けていることには気づけない傾向。 |

| バイアスの名称 | 説明 |
| --- | --- |
| 曖昧性効果<br>（Ambiguity effect） | 情報不足や確率が未知な状況において選択を避ける傾向。「新橋へ飲みに行こう」より「x時に新橋のxxへ飲みに行こう」と同時に誘われた場合、後者が選択される。 |
| アンカリング<br>（Anchoring） | 最初に見た情報を基準にしてその後の物事を判断すること。マーケティングでよく使われる。同じ商品でも値札が「10000円→8000円（値下げ）」と「7500円→8000円（値上げ）」では購買の傾向が異なる。 |
| イケア効果<br>（IKEA effect） | 自分で作ったものや関与したものを高く評価する傾向。組み立て家具大手のイケアに由来する。 |
| 韻踏み効果<br>（Rhyme as reason effect） | 韻を踏んだり似たような表現を繰り返すと説得力が増す傾向。企業のキャッチフレーズや標語に多く用いられる。例えば「押さない、駆けない、喋らない」。 |
| 機能的固着<br>（Functional fixedness） | 慣れ親しんだ方法でしか対象物を見られなくなる傾向。栓抜きが無くてもスプーンをうまく使うと栓を開けられる。しかしこのことを知らないとスプーンを使う発想に至らない。 |
| 擬人化<br>（Anthropomorphism） | 動物、物体、抽象的概念などの特徴を人間の感情や行動等に例える傾向。イラストやマンガなどで多く用いられている。 |
| 基本比率の錯誤<br>（Base rate fallacy） | 統計や確率を基にした合理的な判断と、イメージしやすい数値や直感を基にした判断が大きく異なる傾向。ワクチンを摂取した方が高い確率でリスクを回避できるが、低確率で起こる副反応の事例に敏感に反応してしまう。 |
| ギャンブラーの誤謬<br>（Gambler's fallacy） | 少数の観測結果を基にした主観的な判断によって、確率論に基づいた予測を行わない傾向。コイントスで表が5回連続出たとしても、次に表が出る確率は50%で変わらない。 |
| 計画の誤謬<br>（Planning fallacy） | プロジェクトなどを始める際、過度に楽観的に時間や人などのコストを見積もってしまう傾向。「計画通りにいかなかった」という話は枚挙にいとまがない。 |
| 現状維持バイアス<br>（Status quo bias） | 変化によって得られる利益よりも、変化で生じる損失を恐れて現状維持を望む傾向。事なかれ主義。 |
| コンコルド効果<br>（Sunk cost fallacy） | ある対象への費用、時間、心情などの投資が損失になるのがわかっていても、これまでの投資がムダになるのを恐れて投資がやめられなくなること。埋没費用効果とも呼ばれる。超音速旅客機コンコルドの商業的失敗が由来。 |

| バイアスの名称 | 説明 |
|---|---|
| ゼロサムヒューリスティック<br>(Zero-sum heuristic) | 意思決定する際「誰かが得をすれば、別の誰かが損をする」ということを前提として考えてしまう傾向。それら損得をすべて足すとゼロになると思いがちだが、現実では異なる場合も多い。 |
| ゼロリスクバイアス<br>(Zero-risk bias) | ある問題のリスクを完全にゼロにすることに注力し、他の重要な問題が注目されない傾向。特にリスクをゼロにする対策にかかるコストが注目されない。 |
| 損失回避<br>(Loss aversion) | 利益よりも、損失の回避を選択する傾向。1万円を得る喜びより、1万円を失う悲しみの方が大きい。 |
| ネガティビティ・バイアス<br>(Negativity bias) | ネガティブな情報は、ポジティブな情報に比べて注意が向きやすく、行動に強く影響を与える傾向。楽しいことより、辛いことの方がより記憶に残りやすい。 |
| 悲観主義バイアス<br>(Pessimism bias) | 落ち込んだり不安な時に、さらに悪いことが起きると感じる傾向。 |
| 頻度錯誤<br>(Frequency illusion) | 一度気になりだしたら、あらゆるところで目にするようになる錯覚。車を買おうと考えている時、道路を走る欲しい車種を頻繁に見つけてしまう。 |
| フレーミング効果<br>(Framing effect) | 同じ情報や同じ価値のものでも表現を変えることで、意思決定が変化する効果。同じワインでも「高級」と言われた時と「低品質」と言われた時では評価が異なる。 |
| ユニットバイアス<br>(Unit bias) | 課題や物に対して、量や大きさにかかわらず、終わらせることに集中する傾向。単位に引きずられてしまう傾向。ポテトチップス1袋が60gでも100gでも食べきろうと思うが、1袋ともう半分まで食べようとは考えない。 |

■ 社会関連の認知バイアス一覧

| バイアスの名称 | 説明 |
| --- | --- |
| ステレオタイプ<br>(Stereotyping) | 国籍、人種、職業、性別などの任意のカテゴリで分類される特定の集団には、特定の特徴があると考える傾向。血液型別の性格診断などもこれに該当する。 |
| ダニング＝クルーガー効果<br>(Dunning–Kruger effect) | 能力の低い人ほど自分の能力不足に気が付かず、実際よりも高い評価を行ってしまうが、能力の高い人材は自分の能力を低く評価してしまう傾向。 |
| ハロー効果<br>(Halo effect) | ある対象を評価する際、目立つ特徴に影響され、その特徴以外の要素まで同じように評価してしまう傾向。後光効果、光背効果とも呼ばれる。著名な人の発言は、たとえ専門外であっても信じてしまう。 |
| バンドワゴン効果<br>(Bandwagon effect) | ある選択（製品や事柄）が多数の人から支持されることで、その選択への支持がより強くなる効果。みんな買っているから、（私にも必要かわからないが）買っておこうという心理。 |
| モラル信任効果<br>(Moral credential effect) | 自分の倫理的な行動が他者に信任された時、少々の非倫理的な行動を犯しても他者は許容すると考える傾向。政治家や著名人が非倫理的な行動を起こしてしまう理由の1つ。 |

■ 記憶関連の認知バイアス一覧

| バイアスの名称 | 説明 |
| --- | --- |
| アイソレーション効果<br>(Von Restorff effect) | 似たような一連の対象の中に、異質な対象が含まれている場合、印象的に感じ記憶に残りやすい傾向。レストルフ効果とも呼ばれる。 |
| 画像優位性効果<br>(Picture superiority effect) | 文字や言葉よりも画像を含む情報伝達の方がより記憶に残りやすい現象のこと。プレゼンテーションにおいては画像を多用した方が聴衆の記憶に残りやすい。 |
| グーグル効果<br>(Google effect) | インターネットなどで容易に手に入れられる情報を記憶しようとしなくなる傾向。携帯電話が普及するまでは電話番号を記憶していたが、今は1つも覚えていない。 |

# あとがき

　筆者はIT関連の仕事をしています。この仕事は継続的に学習を続けないと、ついていけない世界（もちろん異業種もそうであろうと拝察しております）だなあと感じています。コンピュータが好きなので、そこは特に苦にならないのですが、仕事って楽しい仕事だけやれるわけではないですよね。

　一時期、仕事でそれはもうたくさんPowerPointでスライドを作っていた時期がありました。筆者はエンジニア（のつもり）なので多少の抵抗感がないわけでもなかったのですが、その当時の役割や立場もあり、こういった仕事でも「仕事に貴賎なし」と思って続けておりました。そんなことをやっているうちにプレゼンテーションの本質的なところについて、いろいろなことがわかってきました。そして整理したいという衝動にかられるようになりました。2020年5月、世界が疫病の影響でとても不安定だったこの期間に、私は突然与えられた時間の使い道をどうしようかと思い、この本を書くことにしました。

　実際に書いてみて面白かったのが、すべてのうまくいっているプレゼンテーションは、その原因について科学的な根拠が存在しているということと、その根拠の背景には心理学やデザインのテクニックなど複数の要因が繋がっていることでした。私達が持っている知識は別々のものではなくて、きっとすべてが関連して繋がっています。自身の知識がそうやって繋がっていくのを楽しく感じるとともに、この世のすべてを繋げ

たい欲求にかられたのですが、それをするには人の一生は短すぎるのではないかと思っています。

　筆者もプレゼンテーションとは何か、その理解の入り口に立ったばかりのような気もしておりますが、近代においては生きる上で必要な技術だと感じています。読者のみなさまのお役に立てたでしょうか。生活の中で活かしていただけたら幸いです。

　あ、そうそう最後に……「知ってる」だけで、ダマされる可能性はうんと減らせるんです。「知ってる」というのはこの世のありとあらゆることです。本書をお読みのみなさまに「地球は実は平面だよ」と言ってもダマされないでしょう。ですが一部の国では国民の7％が「地球は平面」だと思っているそうです。これは極端な例かもしれません。では「水素が含まれた水は健康に良い」はどうでしょう。5Gの電波が新型コロナウィルスの感染拡大を加速させているというのは本当でしょうか。人生、知らないとダマされることがたくさんあります。ダマされないためにすべてを知るというのは無理ですが、知的好奇心をベースに継続的に知識を得られる生活を続けられたらいいですね。技術書籍は、その好奇心を満たしてくれるので私の生活に欠かせないものとなっています。

# 謝辞

　翔泳社編集部のみなさま、特に大嶋航平さまにおいては、企画にも、私の拙い文章の校正にも、その大部分にご尽力くださいました。

　横田真俊さん、前佛雅人さんをはじめとして、さくらインターネット株式会社さまは、プレゼンテーション研究会を無償で開催されており、筆者がプレゼンテーションを体系的に理解するきっかけになりました。この場を借りてお礼申し上げます。いくつかのIT系勉強会におきましては、私の拙いLTを許容してくださり感謝に堪えません。他にも数々の興味深い情報をインターネットに公開されている、この本の執筆を始めるに至って参照したものが多々あります。この場を借りてお礼申し上げます。

# 参考文献

❖書籍
1. 梅森浩一『「はぐらかし」の技術』日本経済新聞出版、2006年
2. Tom Stafford・Matt Webb『Mind Hacks − 実験で知る脳と心のシステム』夏目 大訳、オライリージャパン、2005年
3. Donald Arthur Norman『誰のためのデザイン？−認知科学者のデザイン原論』新曜社、1990年

4. Stephen Wendel『行動を変えるデザイン』オライリージャパン、2020年

5. Susan Weinschenk『インタフェースデザインの心理学－ウェブやアプリに新たな視点をもたらす100の指針』武舎広幸・武舎るみ・阿部和也 訳、オライリージャパン、2012年

6. 許 成準『1日ごとに差が開く 天才たちのライフハック』すばる舎、2019年

7. 新村 出『広辞苑 第六版』岩波書店、2008年

❖PDF・スライド

1. 横田真俊「プレゼン技術研究会を二年やってみてプレゼンについてわかった3つのこと」2017年、https://www.slideshare.net/masatoshiyokota/3-79389364

2. 横田真俊「プレゼンテーション アンチパターン から見るスタンダードなプレゼン」2016年、https://www.slideshare.net/masatoshiyokota/ss-57698909

3. Eric J. Johnson and Daniel Goldstein「Do Defaults Save Lives?」2003年、http://www.dangoldstein.com/papers/DefaultsScience.pdf

❖動画

1. Simon Oliver Sinek「優れたリーダーはどうやって行動を促すか－TED Talks」2014年、https://www.ted.com/talks/simon_sinek_how_great_leaders_inspire_action?language=ja

2. Nancy Duarte「優れたプレゼンの秘密のしかけ－TED Talks」2013年、https://www.ted.com/talks/nancy_duarte_the_secret_structure_of_great_talks/transcript?language=ja

3.  Sheena Iyengar「選択をしやすくするには − TED Talks」2011年、https://www.ted.com/talks/sheena_iyengar_how_to_make_choosing_easier/transcript?language=ja


❖**Web**

1.  暁 美焔（Xiao Meiyan）「認知バイアス一覧で社会心理学入門」3.5版、2020年、http://lelang.sites-hosting.com/naklang/method.html

2.  Uhiyamabumi「UHIYAMABUNI −【TED20】優れたリーダーはどうやって行動を促すか」http://uhiyamabumi.com/ted20-how_great_leaders_inspire_action/

3.  厚生労働省「平成29年　国民生活基礎調査の概況」https://www.mhlw.go.jp/toukei/saikin/hw/k-tyosa/k-tyosa17/

4.  厚生労働省「新型コロナウイルス感染症の国内発生動向（令和3年4月26日18時時点）」https://www.mhlw.go.jp/content/10906000/000625626.pdf

5.  DAVID MIKKELSON「Is Dihydrogen Monoxide Dangerous?」1999年、https://www.snopes.com/fact-check/dangers-dihydrogen-monoxide/

6.  高橋 征義「高橋メソッド」2005年、http://www.rubycolor.org/takahashi/

7.  Wikipedia「メラビアンの法則」https://ja.wikipedia.org/wiki/メラビアンの法則

8.  Wikipedia「二重過程理論」https://ja.wikipedia.org/wiki/二重過程理論

9.  Wikipedia「IMRAD」https://ja.wikipedia.org/wiki/IMRAD

10. Wikipedia「誤解を与える統計グラフ」https://ja.wikipedia.org/wiki/誤解を与える統計グラフ

# 索 引

## kanata（かなた）

（Twitter：@kanata201612）

青森県弘前市生まれ。シェル芸[1]とCTF[2]と温泉が好き。シェル芸を難読化することが趣味。

[1]コンピュータ上の処理において、各種コマンドをパイプ演算子で繋ぎ、
　あらゆる調査・計算・テキスト処理をCLI端末へのコマンド入力一撃で終わらせる芸のこと。
[2]キャプチャー・ザ・フラッグ（Capture The Flag 略称CTF）は、
　コンピュータを用いたセキュリティ技術を競う競技のひとつです。

装丁・本文デザイン：萩原弦一郎（256）
本文イラスト：KAME
DTP：BUCH+

## ダマすプレゼンのしくみ
### 数値・グラフ・話術・構成に隠された欺く手法とその見破り方

2021年6月7日 初版第1刷発行

| | |
|---|---|
| 著　者 | kanata（かなた） |
| 発行人 | 佐々木 幹夫 |
| 発行所 | 株式会社 翔泳社（https://www.shoeisha.co.jp） |
| 印刷・製本 | 日経印刷株式会社 |

ISBN978-4-7981-6937-8
Printed in Japan